阮松丽 程璞 著

刺猬法则

中国纺织出版社有限公司

内 容 提 要

寒冷的冬天，两只刺猬要想抱团取暖，就必须保持一定的距离，否则很容易刺伤彼此，这就是刺猬法则。刺猬法则教会我们"凡事有度，过则有难"，把这个理念运用到生活、工作和人际交往中，能够帮助我们更合群，做事更懂进退。

本书围绕"刺猬法则"展开，告诉我们"距离产生美"不只是一个美学命题，更是我们应该认真领悟的人生箴言。本书将带领我们学习如何把握社交关系、职场人际、家庭教育以及婚恋经营等方面的度，这样，无论做人做事，我们都能进退有度、游刃有余，希望这本书能对广大读者有所帮助。

图书在版编目（CIP）数据

刺猬法则／阮松丽，程璞著.--北京：中国纺织出版社有限公司，2024.7
ISBN 978-7-5229-1640-8

Ⅰ.①刺… Ⅱ.①阮… ②程… Ⅲ.①人际关系—通俗读物 Ⅳ.①C912.11-49

中国国家版本馆CIP数据核字（2024）第070057号

责任编辑：林 启　　责任校对：高 涵　　责任印制：储志伟

中国纺织出版社有限公司出版发行
地址：北京市朝阳区百子湾东里A407号楼　邮政编码：100124
销售电话：010—67004422　传真：010—87155801
http://www.c-textilep.com
中国纺织出版社天猫旗舰店
官方微博 http://weibo.com/2119887771
天津千鹤文化传播有限公司印刷　各地新华书店经销
2024年7月第1版第1次印刷
开本：880×1230　1/32　印张：7.25
字数：122千字　定价：49.80元

凡购本书，如有缺页、倒页、脱页，由本社图书营销中心调换

前　言

生活中的你，可能思考过这些问题：

原本关系亲密的好友因为一件小事而分道扬镳；年轻的情侣在恋爱之初你侬我侬、形影不离，但相处久了却毫无征兆地分开；你初入职场时对周围的同事掏心掏肺，但有一天却发现自己被某个同事"出卖"了……这些现象发生的原因是什么？

其实根源在于我们没把握好人际关系中的"距离"，俗话说得好，"距离产生美"，这是一个美学命题，且确有一定的道理。两个人之所以成为朋友、恋人，必定是有一定的相容性，但每个人都是单独的个体，是需要一定个人空间的，如彼此连一点点个人空间都没有的话，时间久了也会生厌，这时就需要营造距离。

这就是心理学上的"刺猬法则"。对此，生物学家曾做过一个有趣的实验。

在寒冷的冬天，两只刺猬抱团取暖。离得近了，身上的刺扎得对方遍体鳞伤，离得远了，又觉得冷。怎么办呢？来回折腾几次后，两只刺猬终于找到了一个合适的距离，既能够互相取暖，也不至于伤害同伴。于是，生物学家把这个现象称为

"刺猬法则"。

刺猬法则告诉我们，合适的距离能够让情谊更加浓厚。

所谓的"保持距离"，说到底就是不要过于亲密，不要让对方觉得没有了私人空间。当然，这种距离，不仅仅是形体距离，还包括心理距离。最好的处理效果是要达到形体疏远而心灵愈加贴近。"保持距离"能使双方产生一种"礼"，有了这种"礼"，就会相互尊重，避免碰撞而产生伤害。

其实，刺猬法则不只适用于人际关系中的距离。我们在日常工作和生活中的方方面面，都能看到刺猬法则的影子，无论是做人还是做事，切忌太满，把握合适的度，才能留有余地，才能让自己在人生路上进退有度，游刃有余。

具体来说，我们该如何运用刺猬法则呢？这就是我们这本书要阐述的全部内容。

本书介绍了心理学上的有趣小实验，告诉我们什么是刺猬法则，以及如何扩展刺猬法则的应用范围，将其运用到生活和工作中的方方面面。这本书内容翔实，语言有趣，方便广大读者更好地了解内容。希望读者朋友们都能从中获得启示，进而更好地驾驭自己的人生和事业。

编著者

2023年12月

目　录

第一章 　了解刺猬法则，人际相处应留有一定的距离　　001

人际交往，要有一定的"心理距离"　　002
君子之交淡如水，不宜过分亲近　　006
保持距离，每个人都需要有自己的空间　　010
相爱，也要把握爱的尺度　　014
与领导沟通，说话不可太随意　　018

第二章 　给别人留面子，你的刺不能用来刺伤别人　　023

尊重对方，保全他人颜面　　024
任何时候，不要得理不饶人　　027
开玩笑一定要避免庸俗　　030
开玩笑，也要把握好底线　　034
尊重他人隐私，有些话不能说　　038
说话要懂分寸，绝不能口不择言　　042

第三章　求同存异，给彼此留一些空间，保持不被刺伤的距离　045

求同存异，才能和谐相处　046
与时俱进，兼顾规则和情义　050
学点中庸的做人艺术，这个世界并不是非黑即白　053
与志趣相同者共事，才能持久合作　057
告别两败俱伤，实现优势互补　062
学会让步与合作，才能获得彼此满意的结果　064

第四章　收起自身的"刺"，做人做事才能留有余地　069

今天你给他人留余地，明天他人给你留条路　070
先付出信任，才能得到他人的信任　073
放松下来，不能让自己四处树敌　076
今日留分寸，日后好相见　079
你可以不拘小节，但不可以没心没肺　083
贬低他人，并不能抬高你自己　087

第五章 别让自己的刺扎向自己，学会和自己好好相处　091

接受孤独，学会和自己好好相处	092
人无完人，你只需要成为你自己	096
除了你自己，没有人能贬低你	099
只有自我认同，才能建立勇气和自信	105
有自己的想法，才有精彩的人生	109
率真自然，大胆地说出内心的感受	114
不允许细节上的不完美，是你焦虑的来源之一	119

第六章 保持适当距离，职场言行不可随心所欲　123

做人要低调，做事要高调	124
做好自己的本职工作，别来者不拒	127
自我服务偏差：有功过时都要正确归因	131
帮助并非理所当然，常怀感激之情	135
职场说话，千万不可信口开河	139
温情管理，让下属看到你的关心和尊重	142
恩威并用，上下级之间需要保持一定的距离	148

第七章　走好爱情的平衡木，让事业爱情双丰收　　155

以包容与珍惜的心态相处，爱情才能永葆生机　　156
平衡好自己的角色，事业家庭两不误　　160
缺乏沟通，夫妻之间总是"不理解"　　163
相互磨合，不断实现求同存异　　167
小小的杯子，能试探对方和你的心理距离　　171

第八章　不做带刺的家长，就不会教育出有刺的孩子　　175

教育需要运用智慧和耐心，切记不可急躁　　176
做最亲密的朋友，陪伴孩子成长　　181
给孩子话语权，让孩子感受到平等和尊重　　185
赏识教育，鼓励能让孩子积极健康地成长　　190
批评孩子，应防止过犹不及　　194
很多教育问题的根源是缺乏沟通　　198

第九章　拔掉身上的"刺"，做能屈能伸的大丈夫　　203

能屈能伸，从容忍耐是一种坚韧的品质　　204

适时低头，才有他日抬头的机会 207
崇尚张扬个性，但也别自视甚高 210
适时妥协，是为了获得更大的进步 213
适当隐忍，积蓄力量 216
没有今天的痛苦，哪有日后的成长 219

参考文献 222

第一章

了解刺猬法则，人际相处应留有一定的距离

人际交往，要有一定的"心理距离"

生物学家为了研究刺猬在寒冷冬天的生活习性，进行了一个实验：

研究人员将十几只刺猬放置到室外的空地上，天气寒冷，这些刺猬为了取暖，紧紧地靠在一起，但是只要靠近，又因为忍受不了彼此身上的尖刺，很快就又分开了。可天气实在太冷了，它们又需要靠在一起取暖。

然而，靠在一起时的刺痛使它们不得不再度分开。挨得太近，身上会被刺痛；离得太远，又冻得难受。它们就这样反反复复，分分聚聚，不断在被刺和受冻之间挣扎。最后，刺猬们找到了一个绝佳的方法：保持适中的距离，既可以相互取暖，又不至于被刺伤。

这就是心理学上的"刺猬法则"。刺猬法则强调的就是人际交往中的"心理距离"。

生活中，人际关系也经常会遇到这类问题——人们因为机缘相互认识，并因为志趣相投，彼此欣赏，在工作和生活中通过接触与了解开始变成好朋友，觉得相见恨晚。但实际上，每个人的成长、教育、生活环境以及个性都不同，时间一长，即使再亲近的朋友，也难免会出现问题。感情往往是最脆弱的。太过疏远难免淡漠，太过亲密难免疲惫，只有保持适中的距离，才能保持和谐。

因此，朋友之间相处，需要有一些空间，太过亲近，容易不小心忘了分寸，口无遮拦，会造成关系紧张。其实，就算是关系最亲密的夫妻，相处的时候也需要有些距离，要有属于个人的空间。

陌生人之间能建立一份真诚的友谊，着实非常美好；而若能维系好这份感情，更是难能可贵。能成为好朋友，说明你们在某些方面具有共同的目标、爱好或见解，你们的心灵能够较好地沟通，但并不能说明你们之间是毫无间隙的。任何事物都存在着独自的个性，事物的共性存在于个性之中。共性是友谊的连接带和润滑剂，而个性和距离则是友谊具有吸引力并永久保持生命力的根本所在。

何谓"保持距离"？简单地说，就是不能太过亲密，不要干涉他人的私密生活，无须形影不离。朋友之间相处，关系亲密才能交心，但这并不意味着我们要成为彼此，寸步不离，而是应该给彼此一定的空间。只有这样，友谊才不至于因为窒息而夭折。

的确，距离是一种美，也是一种保护。感情容易滋养人心，也会轻易伤害人心。不管是血浓于水的亲情，还是海誓山盟的爱情，都可能在不经意间刺痛对方。

那么，在人际关系中，根据刺猬法则，我们该如何与他人保持距离呢？

1.亲密有间，疏而不远

与人交往，关系太疏远，会使人产生沟通障碍，彼此陌生；关系太亲近了，又会使人感到厌倦、疲劳甚至反感。有些人有事没事就约朋友出来，也不询问一下朋友是否真的有时间，这样，不但干扰了朋友的工作、休息和生活，还会让朋友觉得厌烦。合适的交往距离，应该是交往既不要过多、也不宜过少，把握在双方都感觉恰如其分的范围内。

2.与朋友交往要包容一定的认知差异

我们常常犯的一个错误，就是把自己的想法强加给朋友，以为朋友的想法与自己一致，但实际情况并不如此。每个人都是单独的个体，所接受的教育和所处的生活环境都是不同的。因此，与朋友交往时一定不要自以为是，以为自己所想就是朋友所想，这样做只会适得其反。

3.君子之交淡如水

在人际交往中，很多人认为与别人的交往越亲密越好，其实不然，如果你不注意保持距离，把握分寸，就可能会在人际交往中受到伤害。比如，你应避免陷进办公室的斗争中。和你周围的同事都保持着一定的距离，这样你既不属于这一派，也不属于另一派，别人也不会轻易伤害你，你也不会被工作以及人际关系所累。

当然，在交往的过程中，与人保持一定的距离，并不是漠视他人，而是为了日后更好的交往，只有亲密有间的关系，才是恰当的交往关系。留出距离就是给彼此的感情腾出一个空间。为何有朋自远方来不亦乐乎？远方的距离承载了更多的向往和更多的牵挂，距离换来的是更多的珍惜而不是摩擦。

君子之交淡如水，不宜过分亲近

在日常交际中，每个人都需要遵循一定的心理原则，如此，才能在社会交际中左右逢源、应对自如。而其中需要遵循的最基本的原则就是"保持距离"。

所谓"君子之交淡如水"，面对朋友，交谈不宜过深，如此才能保持好人与人之间的心理距离。当然，交谈不宜过深包括两个方面，一方面是不要极力追问对方的事情，另一方面是自我表露不宜过深。前者会引起对方心中的不快，或许，还会认为你是带着某种企图的人；后者会暴露自己过多的信息，导致自己处于不利的位置。

清朝时，一位新上任的县令初次拜见上司，想不出该说什么话。沉默了一会儿，忽然问道："大人尊姓？"这位上司看上去很吃惊，勉强说了自己的姓。县令低头想了很久，说："大人的姓，百家姓中没有。"上司脸色惊异，说："我是旗人，贵县不知道吗？"县令又站起来，说："大人在哪一旗？"上司说："正红旗。"县令说："正黄旗最好，大人怎么不在正黄旗呢？"上司勃然大怒，问："贵县是哪一省的人？"县令说："广西。"上司说："广东最好，你为什么不在广东？"县令吃了一惊，这才发现上司满脸怒气，赶快走了出去。不久，这位县令便被免职了。

在这个案例中，正是那位县令不懂得说话，口无遮拦，才会引得上司发脾气，而自己最后也被免职了。其实，一开始的时候，县令贸然问"大人尊姓"，上司就已经不高兴了。作为自己的上级，又是初次见面，怎么一见面就问这样的问题呢？或许，县令只是单纯地想更多地了解上司，想借此机会拉近与上司的关系，但是，如此贸然地追问，只会令对方反感。这个案例告诉我们，对那些初次见面的人，不宜追问过深，否则就是自找麻烦。

俗话说："酒逢知己千杯少，话不投机半句多。"如果遇到不是特别了解的人，就不要滔滔不绝、大谈特谈，因为那只会让双方交流更吃力。遇到话不投机的人，说话就应该点到为止，不宜表露太多。

李娜小姐因公出差，在火车上与一位男士坐在了一起。火车开了没多久，男士就主动跟她打招呼，李娜觉得自己一个人挺闷，于是就和他聊了起来。聊着聊着，那位男士将话题一转,贸然发问:"你结婚了吗?"李娜顿时心生厌恶,迟迟不回答,男士见李娜突然不高兴,显得有点不知所措。为了打消男士心中的疑虑,李娜解释说:"先生,我听人说过这样的话,'对男人不能问收入',所以刚才我没有问你的收入;'对女人不能问婚否',所以你这个问题我不能回答了。请你谅解。"那位男士听李娜这样一说,尴尬地笑了笑,就不再说话了。

不可否认,那位男士的问题太过唐突,对才见面聊了几句的女士就贸然问"你结婚了吗",这样的问题只会令当事人生厌。"对男人不能问收入,对女人不能问婚否",这就是社交言谈礼仪。社交里的言谈需要遵循刺猬法则,说得太多、问得太深,会令对方不悦,同时,也令自己难堪。所以,双方保持一个最佳的心理距离,简单聊几句增进感情不是更好吗?

那么,在日常交际中,该如何遵循刺猬法则呢?

1.适当地表露自我

在日常交际中,表露是相互的,如果你能真诚地向对方袒露自己的心理、思想,那么对方也会坦诚相待。但是,如果自己在那里口若悬河地说,对方却沉默不语,那就是过于表露了。对一些与自己关系不是很好的人,不要过分地表露自己。有可能你的过分表露,会带来一些麻烦。

2.切忌追问对方的信息

也许,我们可以理解一个人在社交场合中急切地想认识某个人的心理,但无论如何都应该遵循刺猬原则。对他人的信息,如果对方愿意谈论,你就听在心里;反之,如果对方不愿意说,你也不要极力追问,这是交际中的一大禁忌。

如果交谈时双方有观念上的差异,不要试图逼迫对方接受你的意见。在一般闲谈时,忌打破砂锅问到底。当发现对方对你的问题失去兴趣时,最好赶快闭嘴,免得对方找借口离开。

其实,刺猬找到的那个距离就是人与人之间的心理距离。刺猬法则给了我们启示:在交际中,交谈不宜过深,不管是谈论自己,还是追问别人,都是不恰当的,一旦超过了那个距离,双方都会陷入痛苦之中。

保持距离,每个人都需要有自己的空间

在心理学中,刺猬效应强调的是人与人之间的心理距离,如今,这一理论在多个领域都已得到了广泛的应用。无论是在管理还是在教学中,刺猬效应的应用,都给人们带来了良好的效果。

每个人都需要有自己的空间,一旦自己的领域遭到侵犯,人们就会产生本能的抗拒,有些人甚至会愤怒地反抗。人与人之间的距离,可以分为四种:亲密无间的两个人,他们的近范围在0.15米之内,远范围在0.15~0.44米,这就是所谓的"亲密距离";挚友的距离范围为0.46~0.76米;而0.76~1.22米的距离则适用于所有的亲友关系和熟人,这是人们常说的"个人距离";同事或聚会时认识的朋友之间,应保持1.2~2.1米的距离,而更加正式的交往关系,如企业或国家领导人之间的谈判,合适的距离为2.1~3.7米,这就是所谓的"社交距离";最后一种是"公众距离",通常是公开演讲时演说者和听众之间的距离,近范围在3.6~3.7米,远范围则在10米开外。

法国前总统戴高乐就是一个深谙刺猬效应的人。他的座右铭"保持一定的距离"也对他和他的顾问、智囊以及参谋们之间的关系有着深远的影响。在他当总统的十多年里，他的秘书处、办公厅和私人参谋部等顾问和智囊机构中，没有工作超过两年的人。他总是对新上任的办公厅主任说："我只用你两年。就像他们不能将参谋部的工作当作自己的长久职业一样，你也不能。"

戴高乐之所以制订出这样的规定，是因为他认为工作调动是很正常的，固定的工作才是不正常的。正如军队一般，铁打的营盘流水的兵，军队不会始终固定在一个地方。此外，他也不希望自己因相处日久而离不开这些人。由此可以看出，戴高乐作为一个领袖，主要依靠自己的思维和决断来生存，他不希望身边出现自己离不开的人。只有调动，才能让他和下属保持一定的距离；而只有保持一定的距离，才能保证顾问和参谋的思维和决断具有新鲜感和朝气，如此也可以杜绝那些任职时间较长的顾问和参谋利用总统和政府的名义假公济私。

戴高乐的做法很值得今天的我们深思和借鉴。总统和顾问之间的距离若太远，即顾问过于频繁地调动，则双方难以形成一定的默契，想法容易南辕北辙，不容易契合。而若距离太近，即顾问过于长久地就任，则会令领导过于依赖他们，容易导致智囊人员干预政事，假借领导的权力中饱私囊，最终害人害己。

由于社会关系的不同，人与人之间的距离可以说是与生俱来的。除了社会关系，社会地位、性别性格、文化背景等差异，也会造成人们之间的距离。了解这一点以后，我们在与别人交往时，就应有意识地选择最佳距离，以便和对方更好地相处。那么，我们该从哪些方面入手，巧用"刺猬效应"呢？

1.与他人保持心理距离

通常，我们都希望与他人保持亲密的联系和密切的往来，尤其是我们欣赏的人或是感兴趣的人，这种交流的欲望会更加强烈。但是，无论我们和他人的相处多么亲密，我们都要做到"亲密有间"，与他人保持一定的心理距离。很多人在别人想要走近他的心房、窥探他的隐私时，会本能地抗拒，从而产生防备和紧张心态，导致产生误会。因此，"疏者密之，密者疏之"，才是人际交往中的关键。

2.灵活掌握四种距离

人与人之间的四种距离，我们都牢记于心并熟练应用。"距离产生美"，这句美学上的名言，用到心理学上也是不错的。人与人之间的和谐相处，大都以适当的距离为前提。例如，一台电梯中只有一个人，这时候进了一个陌生人，空间允许的话，两人之间会保持一米以上的距离，因为这样的距离会让彼此都有一定的安全感。一旦有一方"越界",另一方就会产生被威胁的感觉。这种现象,在心理学上被称为"空间侵犯"。

3.与他人保持时间距离

刺猬法则要求我们与他人保持相对的空间距离,同时也要求我们在时间上尊重他人。我们说,侵犯他人领域是一种无礼行为,那么在工作生活节奏日益加快的今天,无端占用他人时间,简直就是一种"犯罪"了。每个人都有自己的事要做,每个人的时间都被忙碌而紧张地分配着。因此,我们在与人相处时,也要恰到好处地保持时间距离,以免影响别人的生活,使双方感情交恶。

综上所述,人与人之间适当的距离,应视双方的人际关系和所处情境来决定。在人际交往中,灵活运用刺猬效应,能够帮我们找到良好沟通的法宝,建立更加轻松惬意、稳固长久的关系网。在这个过程中,就需要我们多一些理解,多一些包容,多体谅一下每个人心中的"小刺猬"。

相爱，也要把握爱的尺度

最快失去爱的方式就是将爱抓得太紧，而最快获得爱的方式是给予爱。每个人都需要在自己的周围建立一个自己能够把握的空间，它就像一个无形的"气泡"，为自己"划定"了一定的"领域"。

有的人将爱情看得十分重要，没有了爱人，就像冰冷难耐的空气直接侵入，让人无法呼吸。可是，当我们的爱占据了伴侣的整个世界，却让对方感受到无限的压力，自由空间受到限制。有人说："爱一个人不要太满，不要十分爱，只需要八九分就可以了。"就好像煎牛排一样，煎得太熟，会破坏牛肉本身的质量，还会影响牛肉的美味。

其实，爱情也是一样的道理，要善于把控爱的尺度，不要爱对方乃至于让他有一种窒息的感觉。有时候，我们会认为一声关怀就是爱意，以为经常送上问候、嘘寒问暖就是深情；以为只是询问而不干涉，就是宽容。可是，结果却是爱人并不领情，自己也会很受伤。究其原因，就是把爱抓得太紧了，限制了爱的自由，自然也就没有爱了。

他和她认识在浪漫的大学时代，在一大帮朋友的撮合下陷入了热恋。他很爱她，这是众人皆知的；她也很爱他，这一点没有人怀疑。朋友都说她就像是他的影子，总是跟在他身边，形影不离。有人说，距离产生美，但他们俩却异口同声地反驳：有了距离，美也就没有了。

她不喜欢他抽烟，特别是在公共场合，那他就不抽，只要她高兴；她还不喜欢他上网打游戏，说那样会玩物丧志，他也可以不打，因为他认为她说得很对。她不让他做的事情，他从来不坚持，因为他觉得她也是为了自己好，他应该尊重她。渐渐地，他已经习惯了她这样左右着自己的生活，而她觉得只有这样，才能充分说明自己在他心目中的位置。

大学毕业后，他们开始工作了，他的工作时间更长。刚开始，她只是埋怨他没有时间陪她，但是后来，这种埋怨逐渐升级成为猜疑。有一次，他加班回到家已经深夜一点了，一进门就看到她坐在床上，他问她为什么还没有睡，她阴阳怪气地说想等他回家闻闻身上有没有香水味，他只当她开玩笑，脱衣服去洗澡，可洗完之后却发现她正在床上翻自己的口袋。那天晚上，两个人都无法入睡。

后来，她每天都会打很多电话查岗，他终于忍无可忍，生气地大喊："我在单位，你可以放心了吧？"这样的行为愈演愈烈，他们每天都会有歇斯底里的争吵，本来的感情一点点地被扼杀了。

劳伦斯曾经在《儿子与情人》中说,"爱情应该给人一种自由感,而不是囚禁感。"真正的爱情应该是彼此有着自由呼吸的空间。也有人说,最美丽的爱情就是两个人既是共同体,却又是相互独立的个体。

固然,爱情需要火花的碰撞,也需要激情的燃烧,但是,如果你将爱的琴弦绷得太紧,那爱势必会在浪漫释放之后走向决裂的坟墓。

即便是一对相爱的人,也是需要自由距离的,只有多次尝试之后才能找到一个合适的距离:既能获得温暖而又不至于受伤害。也许,我们在面对陌生人,早已经习惯了保持适当的距离,但在面对爱人的时候,便觉得应该取消这种距离,需要互相拥有,非常亲密,彼此之间根本不需要距离。可是,当两个人紧紧地拥挤在一起,其实早已经没有了呼吸的空间。

在婚恋关系中,要宽容大度,不要斤斤计较,不要专横多疑,爱一个人等于管理一个心爱的花园,既要有足够的空间,也要有足够的营养,同时还需要有耐心。心理学家认为,刺猬效应是婚恋关系中一个很重要的心理效应,毕竟两人交往时,保持适当的距离,让双方都感觉到舒服才是长久的交往之道。

跟踪、打听、猜疑都是人不自信、不宽容的表现,既然他选择了你，那表示你身上的优点是他最需要的。假如你不懂得改善自己，反而去跟踪另一半，四处打听其隐私，那他只会对你越来越厌烦。对伴侣，要实施"放养"政策，松中有紧，紧中有松。

聪明人从来不看伴侣的手机，假如伴侣的朋友来了，就大方接待，展现自己的友善。平日生活中，尽可能让自己知识丰富，兴趣广泛，做好伴侣的倾听者，这会让对方有安全感，自然会感觉到家的温馨。

在婚恋关系中，距离产生美，雾里看花花更美。男女交往时保持一定的距离可以让交往环境更良好，让交往效果更有利。即便是结婚后，也要保证给予对方一定的私人空间。

正如那句名言所说："最快失去爱的方式是将爱抓得太紧，而最快获得爱的方式是给予爱。"爱情就像是一滴晶莹剔透的水珠，你越是紧紧地握着，它就越快地从指缝中流走、蒸发，最终成为没有颜色的悲哀。

与领导沟通，说话不可太随意

刺猬法则强调的是人际交往中"心理距离效应"，运用到职场人际关系心理学中，就是下属与领导保持亲近关系，但是亲疏有间的关系，是一种不远不近的合作关系。作为下属，在与领导的沟通过程中，还需要把握彼此之间的亲近尺度，切忌说话太随意。换句话说，也就是下属需要说作为下属应该说的话。作为下属，不要以为自己的领导很随和，更不要觉得领导的年龄与自己差不多，就可以在他面前说话毫无顾忌，不分职位高低。下属应该谨记：即便是性格很随和、年龄很小的领导，他们内心深处都会有一种强烈的自我意识，因为他们处在领导者的特殊位置。因此，下属在言语表达中，就需要注意职位的高低之分，即便私底下与领导关系很密切，说话也不要太随意。与领导说话，认清双方的角色很重要，如果你的语言表达太随意，不把领导放在眼里，或者让领导感觉不如你，那你今后的日子就很不好过了。

小琪是一家报社的记者，她平时很喜欢看书，珍惜工作之外更多的私人时间。上班第一个月，她基本上不用加班，她觉得这份工作还真不错。

不过，到了第二个月，报社来了很多新闻素材，领导经常让小琪去现场采访。一开始小琪觉得很新鲜，后来就感到疲惫了。在连续加了三天班后，她正准备下班回家，领导进来了，说道："小琪，你先别走，来了一个非常重要的客户，你帮忙招待一下。"平时小琪说话随便惯了，尤其是当自己很累的时候，她也顾不上领导的面子了，只感到疲惫和委屈，所以很没好气地说道："凭什么叫我接待啊？我已经下班了，当时招聘我来的时候，你们也没说过要干这么多事啊！"这时，旁边的另外一位同事赶紧说："我去接待吧！小琪可能有事。"

回家的路上，小琪觉得自己对领导说话太随意了，不过，她依然在为自己辩解：我已经连续加班三天了，很疲惫了，领导应该知道啊。没想到，两个月后，那位代替小琪接待客户的同事升为了主管，小琪这才醒悟：都是自己说话随意惹的祸。

在日常工作中，许多下属喜欢幽默、风趣地说话，时不时还跟同事开玩笑。本来，几乎没有人会讨厌这样说话，因为风趣会让人更容易亲近，我们经常说，幽默是人际关系的润滑剂，其实也就是这个原因。虽然，说话风趣是一件好事，但若与领导这样说话却是不太好的，其中最关键的就是与领导说话不能太随意，即便是开玩笑也需要符合双方的身份。通常下属向领导开玩笑，目的就是赞美他、抬高他、尊重他，玩笑的内容应该是善意的、积极的，让领导觉得中听。反之，如果太过随意，不懂得把握分寸，就很容易招致领导的反感。

小倩是单位后勤部的行政人员，她性格活泼开朗，经常喜欢开玩笑。上班后不久，她发现后勤部的张主任长相很斯文，看起来一本正经，但对下属经常是笑嘻嘻的，小倩就很想开开张主任的玩笑。

这天，张主任穿着一身崭新的黑白套装来上班，正好在走廊上碰到了小倩。小倩马上大声地说："哟，张主任，您今天这是去哪里啊，穿得这么正式。"张主任听了，咧嘴一笑，可小倩马上说道："瞧你穿着一身黑色的，莫不是参加谁的葬礼吧？"话刚说完，张主任脸色就变了，小倩也意识到自己说错了话，但想到自己也是经常跟朋友们开这样的玩笑，应该不会怎么样吧。

由于跟张主任开这样的玩笑，在后续的工作中，张主任根本不愿意接触小倩，以至于小倩无法与领导进行正常的沟通，工作开展得也很不顺利。

在这个案例中，小倩开的玩笑太过火了，虽然她意识到自己说错了话，却又觉得这些玩笑都是平时与朋友说的，应该没什么问题。但她却忽略了，领导是领导，并不是普通朋友，与朋友说话可以很随便，但对领导说话却不能这样随意，而是需要谨慎开口，把握好彼此之间的亲近尺度。

在日常工作中，下属与领导的关系，既不能特别亲近，也不能过分疏远，这就决定了说话需要技巧。你可以像朋友一样关心领导，但却不可以像朋友一样与领导开玩笑。对领导说话不能太随意，要时刻记住彼此之间是要有距离感的。如果你擅自跨越这样的距离，那领导就会对你心生反感。

第二章

给别人留面子,你的刺不能用来刺伤别人

尊重对方，保全他人颜面

中国人最讲究面子，很多时候士可杀不可辱，为了颜面，仁人志士宁愿丢掉性命。因此，在与他人打交道的过程中，我们一定要学会给对方留面子。常言道，人敬我一尺，我敬人一丈，说的就是这个道理。只有尊重对方，尽量保全对方的颜面，对方才会对你表示友好，才会听你说下去。

很多人以为说服就是唇枪舌战，因此在辩论中总是剑拔弩张，恨不得拔刀相见。其实，说服就是交流，交流当然要以和谐融洽的氛围为主。有些时候，在交谈之前适当地恭维对方，给对方留足面子，对方反而更容易接纳你，消除对你的警惕心理，最终与你相谈甚欢。

比尔是一家木材公司的销售员，已经有十几年的工作经验了。十几年来，他和那些严守标准的木材评审员打交道时，总是因为争执不欢而散。虽然最终证实他是对的，但是公司总是摆脱不了赔钱的厄运。为了改变这种情况，比尔决定改变策略，不再与人争执，而是给对方留足面子。

第二章 给别人留面子，你的刺不能用来刺伤别人

一天早晨，比尔的办公室响起了急促的电话铃声。原来，一个合作的伙伴说比尔给他们发过去的一车木材全部不合格，他们要求退货。在了解清楚情况之后，比尔得知对方公司的木材评审员说他们这批木材至少有50%不达标。为此，他们才要退货。比尔当即启程赶往那家公司，一路上，他不停地思考如何才能据理力争，证明自己的木材是完全合格的。当然，他这次要改变方式。赶到现场时，迎接比尔的是对方木材评审员不屑一顾的表情，明显毫不退让。比尔陪他们来到货车旁，先是请求他们继续卸货，以便他查看情况。为了表现出诚恳的态度，比尔让木材评审员把要不合格的木头和合格的木头分开堆放。看到比尔如此缓和的态度，对方木材评审员才表现得友好些。

没过多久，比尔就发现对方审查太苛刻了，用错了标准。他送来的是白松，对方却以硬木的标准来评判。这时，比尔笑着问："请问，您是以什么标准来评判木材的？"对方不置可否地说："当然是硬木。"比尔风趣地说："真是感谢您啦，我这是白松，看来质量还是很好的，所以您才误以为是硬木。谢谢您对我们木材的欣赏和认可。"这么说完，对方才意识到自己犯了错误，又听到比尔毕恭毕敬的话，不由得怒气全消，反而给比尔道歉："不好意思啊，害得你白跑一趟。"比尔依然彬彬有礼："没关系，要是没什么事情，我就先回去了。你

们继续挑选,如果有不合格的,分开堆放,下次送货的时候我顺便给你们办理退货。"害得比尔白跑一趟,对方怎么还好意思继续挑错呢?比尔的木材全数合格,比尔顺利拿到了全额支票。

比尔改变了说话的方式,事情的结果就出现了如此戏剧性的转机。如果他依然和以前一样据理力争,对方木材评审员肯定鸡蛋里挑骨头,也能挑出几根不合格的木头。幸好,比尔这次变得更加圆滑,很好地解决了问题。

这就是给对方留面子的神奇魔力,它能帮助我们把尴尬化为友好,把友好化为热情!

任何时候，不要得理不饶人

人们常说一句话，叫得理不饶人。其实，在人际关系上升到如此高度的今天，得理不饶人完全是错误的。情商高的人，往往是得理也饶人，这样才能博得对方的欣赏和谅解，更好地处理人际关系。常言道，多个朋友多条路，你怎么就知道今天的敌人不会变成明天的朋友呢？所以，不管做什么事情，都要留有余地，留有分寸，这样才能适时回旋。

从某种意义上来说，人不讲理是缺点，但是人过于讲理，硬讲死理，则是一个盲点。这个盲点使得我们在与他人发生口舌纷争时，不遗余力地与对方开战，直至最终取得胜利。殊不知，这样的胜利，终将意味着下一次的纷争。假如我们能够退一步开阔天空，不管什么时候都保全他人的颜面，避免让他人伤得体无完肤，那么他人终将领会我们的好意，也会以同样的善良和敬意回赠我们。

一次，高僧携徒弟参加宴席。席间，徒弟看着满桌精美的素宴，突然从其中的一盘菜里发现了一块肉。徒弟把肉从菜底下翻出来，打算让主人意识到自己的错误。然而，高僧马上把这块肉用素菜埋起来，避免让主人看到。不一会儿，徒弟又把那块肉翻出来，高僧再次把肉埋进菜里，并且小声警告徒弟："如果你再把肉翻出来，我就把它吃掉。"徒弟只得作罢。

参加完宴席，在回寺庙的路上，徒弟问高僧："师父，主人明明知道我们不吃肉，为何还在菜盘里留一块肉？我就是想让他看见。"高僧说："阿弥陀佛，得饶人处且饶人。主人专程请我们赴宴，肯定不会准备肉菜。这一定是厨师有意或者无意弄进去的，不管他是有意无意，咱们都不应该为了一块肉让他丢了工作。也许他还有一家老小需要养活呢！""他既然犯了错误，就要接受惩罚。"徒弟不平地说。高僧长叹一声，道："我宁愿吃掉那块肉，也不愿意牵连无辜。"

高僧的境界显然非一般人所能比，我们应该学习高僧得饶人处且饶人的境界。换作一般人，一定会像小徒弟一样把肉翻出来给主人看，更有急脾气的人还可能会直接质问主人，结果都会引起轩然大波，导致厨师丢掉工作，甚至被赶出去。也许就会心生憎恨，导致冤冤相报。

不管什么时候，我们都要保全他人的颜面，这样才能给自己留有余地。不但做事如此，说话也是如此。很多人说起话来尖酸刻薄，其实这么做不管对人对己，都有害无益。俗话说，宽容别人就是宽容自己，我们应该保持一颗宽容之心。

开玩笑一定要避免庸俗

生活中有很多人都喜欢开玩笑。尤其是在压力大或者气氛沉闷的情况下，适度的玩笑总是能够让我们更加开心，也能够让交谈的氛围变得热烈、融洽。然而，凡事都有度，玩笑如果过度，是会造成相反效果的。尤其是在人际关系复杂的职场上，开玩笑就更要慎重，否则一句话不留神，也许就会得罪一大片人，导致自己在职场上的人际关系恶化，而且也很难立足于同事之间。

当然，这也并非要求我们终日不苟言笑，面色凝重。毕竟你与同事每天早晨八九点钟开始上班，到五六点下班之前，一直都在一起。如此长时间的相处，使得大家都很熟悉，而且也需要在工作之余说些轻松的话题，这样才能有效缓解工作的紧张和压力，拉近彼此间的关系。毋庸置疑，"开心果"在同事之间都是特别受欢迎的，因为他们不管走到哪里都能给人们带来欢声笑语。相比之下，大家都不喜欢整日面对一个愁眉苦脸、眉头紧锁的人，看着看着，自己的心情也会变得异常沉重。而且，有时候办公室里气氛紧张，或者某些同事之间因为利益纷争变得剑拔弩张,也可以采取开玩笑的方式调节气氛,放松心情。总而言之,不管是生活中还是工作中,都离不开好心情,我们也必须努力掌握开玩笑的分寸。所谓凡事过犹不及,一旦开玩笑过度,就会产生恶劣的后果,使自身和他人都陷入尴尬难堪的境遇中。

小苏和小秦是一起进入公司的新人,经过一年多的朝夕相处,他们成了好朋友,在工作上相互扶持和帮助,在生活中也互相照应,关系亲密。

这天是愚人节,小苏突然气喘吁吁地跑进办公室,对小秦说:"小秦,你媳妇不小心摔倒了,马上要生了!"小秦的媳妇身怀六甲,还有两个多月才到预产期,当听到小苏的话时,他马上觉得脑袋一片空白,心里紧张至极。他不顾一切地跑出办公室,因为电梯人多,他居然一口气跑下二十几层楼,来到路边打出租车。这时,小苏的电话来了,小秦赶紧接电话,说:"快说,哪个医院?"小苏的笑声从听筒里传来,他笑得上气不接下气,说:"哈哈,小秦,你上当了,难道你不知道今天是愚人节吗?"

小秦就像虚脱了一般回到办公室,脸色铁青,从始至终没有和小苏说过任何话。小苏这才意识到自己的玩笑有些开大了,虽然他几次和小秦道歉,但是小秦却听若未闻,根本不理他。直到一周之后，小秦才以拒人于千里之外的态度对小苏说："哥们，以后开玩笑悠着点儿，别太过分了。咱们以后就是普通同事关系，再也不要和我开玩笑了。"从此之后，小秦果然不再和小苏走得那么近了，小苏就这样失去了一个好朋友，懊悔不已。

在这个事例中，小苏的玩笑显然是太过分了。对一个身怀六甲的孕妇而言，摔倒早产是人命关天的大事，根本不能用来开玩笑，即使是再好关系的朋友之间也同样不可以。而且，小秦被骗之后，不顾一切地朝着医院奔去，如果途中出现什么意外，也会导致很严重的伤害。不得不说，小苏的玩笑真的太过分了。小秦从此与小苏绝交，也是可以体谅的，毕竟没有人愿意诅咒自己的妻儿生命出现危险。尽管小苏并非出于恶意，但是对妻子即将生产的小秦而言，这样的玩笑无疑是很晦气，也很忌讳的。

开玩笑一定要避免庸俗。任何庸俗的玩笑，都会给人带来伤害。此外，还要区分人的脾气性格等。尤其是在人多的公众场合，更不要随意拿别人开玩笑，否则很容易伤害他人的自尊。总而言之，说些笑话是很简单的事情，但是开玩笑总要牵扯到他人，必须非常慎重。很多人误以为捉弄人就是开玩笑，就像事例中的小苏，为此失去了最好的朋友，不得不说是损失惨重。总而言之，不管是在生活中还是在工作中，在开玩笑时必须把握好尺度，才能让玩笑起到积极的作用，避免事与愿违。

开玩笑，也要把握好底线

开玩笑是幽默的一种表现，是人们生活中的调味剂。有人说过："人生就像一顿大餐，而幽默就是这大餐中的调料。"是的，如果一顿大餐缺少了调料，那何来的美味呢？生活中如果没有玩笑，也会变得没有乐趣。但是，开玩笑也是有讲究的，否则容易得罪人。所以，我们一定要记得说话的分寸，千万不要因玩笑给自己和他人带来不好的心情。

包钢是厂里唯一的机修师傅。今天是4月1日，星期天，因为这几天是试用期，所以包钢还是准时到厂里上班。因为来时双方就谈好了，半个月后，看双方是否满意，然后签订用工合同。现在马上就到半个月了，包钢单方面觉得工厂还不错。

上午，包钢正忙着整修一台电机。主管走过来对他说："包钢，是这样的，厂里觉得你做事挺不错，所以决定让你今天签合同，月薪是2000元，你要觉得合适，就把合同签了吧。"

"什么？"包钢吃惊地说，"不是说好2500元吗，怎么少了500元呢?"包钢生气地走进车间,把工具一丢,生起气来。正好厂长过来检查,看到后,就问他:"怎么回事,怎么闹起情绪来了?"包钢非常生气,就对厂长说:"本来说好是一个月2500元的,厂里怎么还出尔反尔啊?"

厂长一听,觉得很好奇,就问旁边的人员:"这个机修的工资到底是怎么回事?"问清楚来龙去脉之后,才知道今天是愚人节,主管只是跟包钢开了一个玩笑。

结果,就闹出了这样一场闹剧。最终,包钢还是离开了这家工厂。

随便开玩笑并不是一件好事,从上面的案例我们就能看得出。主管拿着包钢的工作大事开玩笑,惹火了包钢,最终闹得同事之间关系不好,而且厂里也失去了一名人才。

开玩笑的随意性固然很大,但要注意的禁忌也有很多。玩笑中蕴含着深刻的智慧,千万不能乱开。开玩笑应有尺度、有分寸,否则伤害人、得罪人而不自知,就得不偿失了。因此开玩笑之前应该三思,以免出口成刀,伤害他人。

1.开玩笑,要分清对象

当长辈开玩笑时,自己以小辈或晚辈身份在场时,最好不要插话,只若无其事地旁听就是;和残疾人开玩笑,要注意避讳,人人都怕别人用自己的短处开玩笑,残疾人尤其如此。俗话说，"不要当着和尚骂秃子"，"癞子面前不谈灯泡"，就是这个道理。

2.开玩笑，要分清场合

在有些交际场合，情感色彩的氛围很浓，在这样的场合氛围中，人们的言行要与此情此景相一致、相融合。比如，在喜庆的场合，人们的言行就应有更多的欢乐色彩，彼此在情绪上才能产生共鸣；在悲痛的场合，人们的言行应更有人情味，更富同情色彩，才有助于感情的沟通。

3.开玩笑，要态度友善

与人为善是开玩笑的一个原则。开玩笑的过程，是感情互相交流传递的过程，不能借着开玩笑的机会对别人冷嘲热讽，发泄内心厌恶、不满的感情。也许有些人不如你口齿伶俐，表面上你占了上风，但别人会认为你不能尊重他人，从而不愿与你交往。

4.开玩笑，要找好主题

最好找一些高雅的话题，切忌讲一些庸俗的笑话。有些人喜欢开一些低级下流的玩笑，这种玩笑庸俗无聊，不但有损自己的形象，对周围的人可能也是一种无礼。低级庸俗的玩笑，难登大雅之堂，最好不要以这种玩笑取乐。

开玩笑本来是一种调解谈话气氛的良好方式，如果使对方太难堪了，就并非开玩笑之道。你笑你的同学考试不及格，笑你的亲戚做生意上了当而亏本，笑你的同伴在走路时跌了跤……这些是伤心事，你却拿来取笑，这不仅会使对方难以下台，还会让人感觉到你的冷酷。

尊重他人隐私，有些话不能说

罗曼·罗兰说："每个人的心底都有一座埋葬记忆的小岛，永不向人打开。"马克·吐温也说过："每个人像一轮明月，他呈现光明的一面，但另有黑暗的一面从来不给别人看到。"这座埋葬记忆的小岛和月亮上黑暗的一面，就是隐私世界。隐私，即不愿告诉他人和不愿意公开的个人情况。国内外的社交活动均尊重个人隐私权，凡涉及个人隐私的问题，在交往中均应回避，否则就会引起对方的不悦，自己也感到尴尬。

晋文公重耳在没有继位之前，由于宫廷变故，不得不四处逃亡。他所经过的国家，有的能以公子之礼待之，有的却因为他落难而瞧不起他。

重耳一行自卫国经过曹国，曹共公也不以礼相待，但听说重耳的肋骨生得连成一片，就很想看看是什么样子，便将重耳等安排在旅舍里。曹共公打听到重耳要洗澡，于是张了很薄的帐幕偷偷观看。

曹国大夫僖负羁的妻子对她丈夫说："我看晋公子是个

贤人，他的随从都是国相的人才，辅佐晋公子一人，将来必定能回到晋国即位，等到晋国讨伐无礼的国家时，那么曹国就是他首先要开刀的了。你为什么不早一点表示自己的不同态度呢？"僖负羁觉得有理，便馈赠了重耳一盘食品，盘底还放着一块璧。重耳接受了食品，退回了璧。

后来，经过了19年的逃亡生活，重耳终于回国继位。他励精图治，使晋国发展成了一个富强的国家。

公元前632年，晋文公找了一个借口发兵攻打曹国，并很快打了下来，曹共公和僖负羁都做了晋文公的俘虏。不过由于当年的一璧之缘，晋文公释放了僖负羁，并善待了他；而曹共公则为自己当年的荒唐行为付出了代价，在晋国吃了不少的苦头。

最终，还是在晋国一个大臣的劝说下，重耳才网开一面，放了曹共公一马，让他回了曹国。不过，因为偷窥别人洗澡这种荒唐事而国灭被俘，也让曹共公羞愧异常。他偷偷跑回了曹国，再也不敢和晋文公作对了。

传播他人的隐私会造成不良的影响，会使他人颜面扫地。对方也会对你恨之入骨，你与他的友情也会戛然而止，甚至在生活或工作中还会成为死对头。同时，其他朋友、同事也会对你投来异样的目光，与你的距离将会越来越遥远。

朋友们请记住，任何人都有保留自己隐私的权利，与人交往时应该自觉地不去探求对方的隐私，不去怀疑对方的隐私是不是对自己不利，或者有什么问题瞒着自己。越是追问对方的隐私，越是容易产生隔阂，就越会破坏双方的感情。

那么，对隐私问题，我们有什么需要注意的地方呢？

1.不干涉，少打听

他人的隐私，我们要尽量不干涉，因为这个世界上没有一个人会喜欢干涉自己隐私的人。如果实在需要一些与对方隐私相关的信息，也一定要见机行事，要懂得见好就收，不要刻意去挖掘，那样只会让人讨厌。

2.不拿隐私开玩笑

适当地开个玩笑，能调节气氛、缩短与他人之间的距离。但是，并不是什么事都能拿来开玩笑的，如他人的隐私。每个人都有不为人知的隐私，而且也不愿意被人拿出来当作茶余饭后的谈资。如果有人喜欢拿别人的隐私开玩笑，那他肯定是一个不受欢迎的人。

3.闲暇时多反思自己

古人云："静坐常思己过，闲谈莫论人非。"意思是，要沉静下来经常自省自己的过失，进而以是克非、为善去恶；闲谈的时候不可议论别人的是非得失，这是儒家倡导的道德修养的重要方法。一个人要想拥有良好的性情修养，就应该谨记这条古训。

4.保守秘密，避免伤害

有时，有人把你当作真心的朋友，对你倾诉衷肠，你知道了别人的隐私，切记千万不可得意，因为你在无形之中已经获得了一份担子，在暗中受到了监视，暗藏了一丝祸端。不管有意还是无心，若从你口中暴露出别人的隐私，既会使别人难堪，又会使你的信誉大打折扣。

朋友把自己的"隐私"告诉了你，即使没有叫你保密，也证明了他对你的极度信任。对此，你只有为他分忧解愁的义务，而没有张扬这种"隐私"的权力。如果不把"保密"作为一种义务，你就会失去周围朋友对你的信赖，最终成为孤家寡人。

说话要懂分寸,绝不能口不择言

"你会说话吗?"如果被人这样问,你一定觉得可笑,只要是正常人,谁不会说话!实际上,问题并非如此简单。谁都会说话,但有人说话却不懂得把握分寸,口不择言,结果可想而知,不仅会闹出笑话,造成尴尬和误会,而且可能因得罪了别人而难以收场。

林娟在公司的工作表现很出色,深得老板和同事的赏识。但她是个心直口快的女人,脱口而出的话常常无意之间就伤害了身边的人。同事跟她共事了很久,了解她的脾气,就不跟她计较。

这天,公司里新来了一个同事,是个刚毕业的女大学生,名字叫陈瑶。老板把陈瑶交给林娟,让她好好带带。林娟为了了解一下陈瑶的能力,就让陈瑶根据她的要求写一份企划案。陈瑶为了表现自己的能力,花了大半天的时间写,连中午饭都没有吃。写好后,陈瑶马上交给了林娟。林娟拿着看了一下,对陈瑶说道:"你这写的是什么?简直是乱七八糟,企划案根本不是这么写的。"林娟对企划案的全盘否定让陈瑶无法接受，想起自己还没有吃饭，陈瑶觉得心里不好受。于是，连样稿都没有拿，陈瑶就捂着脸跑出了办公室。

后来，大家才知道原来陈瑶在文件格式上出了点问题，没有突出重点，所以受到了批评。直性子的林娟根本没有照顾到职场新人陈瑶的感受，就直接犀利地点出企划案的缺点。

说话太直，往往伤人又害己。有很多人受不了这样的人，因为他们的话总是无意中伤害到别人，把人弄得下不来台，而自己却浑然不知。也许他们觉得自己只是在说真话，没有什么恶意，殊不知，这样的话太容易伤人。所以，在开口之前，我们应该考虑一下他人的感受，别把话说得太刻薄。

中国有句俗语："多门之室生风，多言之人生祸。"它的意思很简单：一间屋子如果门太多的话，肯定密封不严实，免不了会有寒风侵袭；一个人如果总是不假思索、滔滔不绝地说话，说得多了，言语中就会自然而然地暴露出许多问题。说话要有分寸，否则你就会掉入语言的陷阱，所以不妨注意以下几点：

1.避免言语尖酸刻薄

言语尖酸刻薄的人，通常会因为一句话就失去别人的信任。人与人最好能够平等相处，没必要用尖酸刻薄的言语去伤害人心。言语刻薄的人很难改掉这种说话方式，这与他的修养、气质、性格都有关，这种人通常自私、冷漠、无情。

2.不会说，不如不说

如果你不能够确定自己要说的话对人、对事是否有益无害或利多害少，那就不如不说。有的人说话常常不加思考，只顾着把话说完，而忽略了"听者"闻后有所想，结果无意中得罪了别人，却浑然不自知。事实上，说话欠考虑往往会给我们造成难以挽回的损失。

3.说话之前先构思轮廓

为了使我们的话更有力度，在话未出口时，要先在脑子里构思一个轮廓，再按次序有条不紊地说出来。如果我们使用的是电话交流的方式，最好事先逐一列出要谈的事情，将其写在一张纸上再说，这样一来，对方就很容易接受，从而愿意和我们交谈。

4.换位思考，考虑后果

说话不能不经过大脑，在说出口之前，先想想"如果别人跟我这样说，我会作何感想？""我的批评是有害的，还是有益的？"在很多情况下，如果能多花一些时间，设身处地为对方着想，你就不会说错话，从而引起他人的不悦了。

说话直来直去，不懂得拐弯抹角的人，往往性格直爽，胸怀磊落，他们不会小肚鸡肠，不会在人背后耍手段，所以很容易赢得别人的好感。但是，任何事物都有它的两面性，说话直来直去也不例外。一个说话过于直接的人，在人际交往中往往容易得罪人却还不自知。

第三章

求同存异,给彼此留一些空间,
保持不被刺伤的距离

求同存异,才能和谐相处

常言道,物以类聚,人以群分;近朱者赤,近墨者黑。毫无疑问,性情相近的人之间总是相互吸引,这是人之常情。通常情况下,一个人即使再完美,也无法得到所有人的认可和满意,更无法和所有人成为亲密无间的好朋友。这是因为人与人之间总是有不同的,我们之所以可以学着和性格不同的人相处,就在于彼此之间能够求同存异,因而更好地融合。尤其是在现代职场,很多人都在抱怨和同事以及上下级相处困难,殊不知,没有谁的身边都是自己喜欢的人,我们每个人都要面对不同的人。既然注定无论走到哪里都无法避开那些不喜欢的人,我们为何不学着宽容一些,和他们更好地相处呢?

世界不是由我们的眼睛和心灵决定的。人生不如意十之八九,任何情况下,我们都必须接受那些不如意,或者打心底里不喜欢的人和事。我们是人,而不是无所不能的神仙,所以无法随心所欲地改变这个世界或者任何人。与其花费宝贵的时间抱怨那些人,不如调整自己的心态,让自己更加宽容、理性,也更加睿智地认清生活的本质。

一个真正的人际交往高手并非是与自己喜欢的人搞好关系,而是能够与自己不喜欢甚至是厌恶的人和谐相处。当我们抱怨对方使我们难受的时候,应该想到对方也许正在容忍我们,强忍着才没有抱怨。所以,设身处地为他人着想,是我们与自己不喜欢的人友好相处的第一步。

西西出身于一个知识分子家庭,童年是在无忧无虑之中度过的。在父母的安排下,她一帆风顺地读书、工作,从未遭遇过任何挫折。如今,她是一家时尚杂志的编辑,也已经与她大学时的初恋结婚了。她的婚姻生活幸福美满,丈夫也对她疼爱有加。

近来,西西所在的办公室里调来了一个编辑小王。小王据说是从外地来的,而且是个离过婚的男人,如今正在和主编的侄女谈恋爱。向来爱情至上的西西,一直不喜欢这种功利心强的人,更何况这个男人还为了自己的前途抛弃妻子呢!所以,西西对小王始终心怀芥蒂,在办公室里很少与小王说话。这个星期,主编安排小王跟着西西学习如何做时尚新闻,西西虽然无法拒绝,但是整个人闷闷不乐。她甚至觉得与这种人合作,属于玷污了自己。经过一天的勉强相处,西西下班回到家里依然愁眉苦脸,丈夫不知道西西怎么了。在问清楚事情缘由之后，丈夫不由得啼笑皆非："你这个傻丫头，人家是离婚还是和主编的侄女谈恋爱，关你什么事情啊！而且，他的经历也许并非如你所想的那样，毕竟夫妻间的事情外人是看不懂的。我觉得你只要把他当成一个普通同事就好，又何必强求人家尽善尽美呢？"次日，西西和小王一起完成了头天的采访稿，也许是因为受到了丈夫的影响，她发现小王很有才华，而且为人勤奋，是个才子。在主编赞赏了他们的稿件之后，西西反省了自己，认为自己的确有失偏颇。她决定以后就把小王当成普通同事，而且也提醒自己，不要再站在道德的制高点煞有介事地指责他人。后来，西西与小王居然成了非常默契的好搭档，为社里提供了很多高质量的稿件。

为人在世，不可能处处顺心如意。尤其是对身边的人，我们或者接受，或者逃避。显而易见，逃避不是办法，因为逃得了一时，逃不了一世。其实，每个人都是有优点和缺点的，我们根本不可能做到十全十美、无懈可击。所谓己所不欲，勿施于人，在这种情况下，我们必须把握好合适的度，千万不要自以为是地指责他人。

职场上，有很多心思纯粹的朋友不喜欢委屈自己，总是凡事都看不顺眼。实际上，除非你自己开公司，否则你根本没有权力决定公司里有谁没谁。退一步而言，就算我们自己开公司，也不可能完全凭着自身的喜好决定是否聘用他人。归根结底，我们只有调整好心态，才能更好地面对这个"不那么顺眼"的世界。

与时俱进，兼顾规则和情义

如今是法治时代，法律的发展越来越完备，然而，法不外乎人情，在日常生活中，我们依然要讲究情义，才能做好人和事。举个例子，这个社会上的法律和道德，都是制约人的，都是"方"。然而，如果放眼望去全都是"方"，这个世界未免也太枯燥了，而且会因为随处可见的"方"把社会变得冷漠无情。这个社会不但要有"方"，也要有"圆"。唯有如此，才能灵活变通，让一切都富有生机和活力。

现实生活中，不乏有些人思维僵硬守旧，过于墨守成规，他们性格耿直、思想僵硬、义正词严，绝不因为任何问题就放弃自己的原则。他们非常看重礼仪形式，最终导致本末倒置，变得越来越僵硬和刻板。对这样的人，生活是很残酷的，不知变通和思想守旧不时地会让他们受到惩罚。所以，如今的时代发展日新月异，我们也要与时俱进，才能兼顾规则和情义，也给予自己的人生更圆满的答案。

亨利是一家公司的执行董事。他始终坚持从严治理公司的原则，一是希望下属能够收敛，二也是为了对董事会负责。

有段时间，跟随亨利很久的约翰经理一直酗酒。在亨利好几次说服自己原谅约翰之后，约翰居然又在工作日午餐的时候喝多了，而且在办公室里"大闹天宫"。按照公司规定，不管是工作日午餐喝酒，还是扰乱办公室秩序，约翰都够格被开除了。当秘书把约翰的行为表现汇报给亨利时，亨利虽然很犹豫，最终依然做出了开除约翰的决定。

约翰对此无法接受，因而找到亨利。这时的约翰是清醒的，所以当亨利说清楚辞退他的理由时，他黯然离开了。没过多久，亨利从其他人口中得知，原来约翰的妻子在生小女儿的时候去世了，约翰为此深受打击。因为母亲突然去世，他的大儿子变得郁郁寡欢，甚至患上了严重的抑郁症。此外，约翰还要负责赡养妻子年迈的双亲和自己的父母。为此，他不堪重负，彻底崩溃。得知事情的原委后，亨利不由得开始为约翰担忧：如今约翰又失去工作，岂不是雪上加霜吗？

思来想去，亨利给约翰送去一笔钱，对他说："先陪陪孩子，工作会有的。我保证。"约翰感动地说："不要为了我破坏公司的规矩。我会想办法渡过难关的。"后来，亨利把约翰安排到自己的私人牧场当了管家，他既坚持了原则，也帮助下属渡过了人生的困境。

任何规则都要建立在人情之上，任何规则如果不讲人情，都会变成冷血的规则。然而，为了管理好企业，让企业有秩序可言、有规则可循，亨利又必须坚持规则。最终，他想出了一个两全其美的好办法，那就是自己掏钱帮助约翰，把约翰安排到自己能力所及的其他地方工作，渡过难关。由此一来，亨利自然做得尽善尽美。

不管是在生活中还是在工作中，我们都要学会变通。唯有思想灵活、随机应变，具体问题具体分析对待，才能让自己游刃有余、进退自如，也才能与他人建立和谐友好的关系。否则，我们过于分明的棱角就会伤害他人，使他人对我们心生嫌隙。朋友们，规矩是死的，人却是活的，适当变通就能圆满解决问题，何乐而不为呢？

在这个世界上，唯一不变的就是改变。任何时候，万事万物都处于改变之中，我们唯有与时俱进，才能做到顺势而为。现实生活中总有人与失败结缘，这并非他们能力不足，而是他们冥顽不化，堵住了自己的出路和退路。身处现代社会，我们必须重规则、讲情义，唯有两者兼顾才能得到最好的结果。

学点中庸的做人艺术，这个世界并不是非黑即白

生活中，相信我们不少人都被父母长辈教育过，做事情要分清是非黑白，这是做人做事的准则。然而，"是"与"非"，"黑"与"白"之间，我们真的可以明确界定吗？事实上，对于一些非原则的事，我们不必锱铢必较，在社会交往中，如果一个人眼里只有是非黑白，有着极端的观念，是很容易处处碰壁的。中国人素来信奉"中庸"之道，这里的"中"是指我们认识事物、看待问题要不偏不倚，"庸"是指我们要能够包容，要能够包涵，要能够容忍别人。所谓"中庸"，就是指我们要不偏不倚不偏激，全面地而不是片面地，公平地而不是偏心地，公正地而不是先入为主地去对待人和事情。同时，与人交往时要能够包容别人的缺点，容忍别人的不足，要有海涵别人的心。中庸是古人最高的行为准则，也就是哲学上讲的"度"。

通俗点讲，中庸的做人艺术，首先要求人们做到摒弃极端主义。这个世界并不是非黑即白、非对即错的，我们要从根本上认识到这一点。

另外，从我们自身角度来看，任何事情都有一个变化发展的过程，你此刻不如意并不代表你一生不幸，你此时满面春风并不代表你一生顺利，虽然我们不能掌握变化无常的事态，但我们可以掌控自己的心态。"不以物喜，不以己悲"这种通达圆融的心态，正是现代人要追求的。

三国时期的蜀国，在诸葛亮去世后由蒋琬主持朝政。他的属下有个叫杨戏的人，性格孤僻，讷于言语。蒋琬与他说话，他也是只应不答。有人看不惯，在蒋琬面前嘀咕说："杨戏这人对您如此怠慢，太不像话了！"蒋琬坦然一笑，说："人嘛，都有各自的脾气秉性。让杨戏当面说赞扬我的话，那可不是他的本性；让他当着众人的面说我的不是，他会觉得我下不来台。所以，他只好不作声了。其实，这正是他为人的可贵之处。"后来，有人赞蒋琬"宰相肚里能撑船"。

蒋琬的话是正确的，不同的人有不同的秉性，真诚地表达自己，才是为人的可贵之处。世界上的任何人和事，也都没有绝对的是非善恶，宽容别人就是尊重别人，即使别人犯了什么错，也不要一棍子将人打死，谁没有犯错的时候？有句话说："谨慎使你免于灾害，宽容使你免于纠纷。"我们待人理应如此。要学会宽容别人，宽容是一种高尚的善意，它能使人换位思考，且处理好人际关系。若无宽恕，生命将永远被无休止的仇恨和报复所控制。只有善于团结，我们才会得到友善的回报！

生活中的年轻人啊，你们的人生路才刚刚开始，为何不选择能使自己的人际关系网拓展得越来越宽的宽容之道，而选择让自己身心煎熬的憎恨呢？

美国第三任总统杰斐逊与第二任总统亚当斯从交恶到相知的过程，也体现了这个道理。

杰斐逊在就任前夕来到白宫，他的目的是要表明自己的立场，也就是想告诉亚当斯，他希望针锋相对的竞选活动并没有破坏他们之间的友谊。但据说杰斐逊还来不及开口，亚当斯就咆哮起来："是你把我赶走的！是你把我赶走的！"从此，两人数年没有来往，直到后来杰斐逊的几个邻居去探访亚当斯，这个坚强的老人仍在诉说那件难堪的事，可接着脱口说出："我一直都喜欢杰斐逊，现在仍然喜欢他。"邻居把这话传给了杰斐逊，杰斐逊便请了一个彼此熟悉的朋友传话，让亚当斯也知道他的欣羡之意。后来，亚当斯回了一封信给他，两人从此开始了美国历史上最伟大的书信往来。

这个例子告诉那些还在为鸡毛蒜皮的小事和朋友老死不

相往来的人，那些为了一点不值一提的小事与别人大打出手的人：宽容是一种多么可贵的精神！宽容是解除人与人之间的误会和不快的最佳良药，宽阔的胸怀能使你赢得朋友，与那些伤害你的人化干戈为玉帛。宽容代表了理解，它为你打开了一扇心灵的大门，把心放宽一点，门就不会挤了。受到伤害时，心中不快乃人之常情，但唯有以德报怨，唯有容人之过，才能赢得一个温馨的世界。释迦牟尼说："以恨对恨，恨永远存在；以爱对恨，恨自然消失。"

总之，凡事没有绝对的是非黑白，理解别人，宽容别人，以博大的胸怀善待别人，就会让世界变得更精彩。因为"退一步海阔天空，忍一时风平浪静"。

与志趣相同者共事，才能持久合作

中国人常说："人生得一知己足矣。"也许这就是友谊的最高境界。的确，大千世界，茫茫人海，多少人与我们擦肩而过，多少与我们有过一面之缘，有多少人真正在我们的生命里留下印记，又有多少人真正走进我们的心里呢？

那么，什么是"知己"呢？所谓"知己"，顾名思义，就是知道、了解自己内心的朋友。每个人都有很多朋友，但是真正的知己却很少。

曾国藩曾告诉我们："要结交金石之交"，"要结识志趣相投者"。那么，什么是志趣相投者呢？也就是会称赞你的人，与你相似的人。人人都会称赞与自己相似的人，若非同类，便无法理解其真意，亦不知其善恶。而称赞与自己相似之人，还能令你感到自己也得到了认同。人有不同的层次。理解与称赞，乃至以迂回形式出现的自我认同，都是在同一层次的人中进行的。

所以，在强调要与人合作的今天，我们也要选择那些与自己志趣相同的人并肩作战，这样的合作才更持久，也才更能产生积极的效果。

春秋时期，楚国有一位赫赫有名的音乐家，叫俞伯牙。俞伯牙天赋异禀，非常喜欢音乐，拜了著名的琴师成连为师，学习琴艺。

经过三年的学习，俞伯牙琴艺渐精，成了当地著名的琴师。虽然人们都对俞伯牙的琴艺竖起了大拇指，但是俞伯牙却常常因为自己在艺术上达不到更高的境界而苦恼。成连老师知道俞伯牙的心思后，对他说："如今，我已经把自己所有的技艺都传授给你了。至于音乐的感受力和悟性，我也没有领悟好，所以教不了你。我的老师是一代宗师方子春，他不仅琴艺高超，而且对音乐有独特的感受力。如今，他住在东海的一个岛上。你去拜他为师继续学习吧"俞伯牙听了之后大喜过望，连声答应。

不久，他们就乘船去往东海。一天，船行至东海的蓬莱山，成连对伯牙说："你先在蓬莱山等，我去接老师，很快就回来。"说完，连成就头也不回地划船离开了。伯牙等了很多天，始终未见连成回来，非常伤心。他回首望岛内，山林一片寂静，只有鸟儿在啼鸣，像在唱一首忧伤的歌；他抬头望大海，只见大海波涛汹涌，了无人迹。伯牙触景生情，即兴弹了一首充满忧伤的曲子。俞伯牙身处孤岛，每天与树林飞鸟为伍，与大海波涛为伴，感情渐渐发生了变化，逐渐领悟到了艺术的本质。此后，俞伯牙的琴艺得到了很大的提高，创作出了很多传世之作。最终，俞伯牙终于如愿以偿地成为一代杰出的琴师，不过，没有几个人能真正听懂他弹奏的曲子。

一日，俞伯牙乘船沿江旅游。船行到一座高山旁时，突然下起了大雨，于是就停船在山边避雨。伯牙耳听着淅沥的雨声，看着雨打江面的景象，不禁琴兴大发。正当伯牙弹得兴致高涨时，突然感觉到一阵异样。伯牙知道，这是说明此刻附近有人在听琴。伯牙走出船外，果然看到树林边坐着一个打柴人正在侧耳倾听。这个人就是钟子期。

伯牙赶紧把子期请到船上，说："我为你弹一首曲子听。"子期马上表示洗耳恭听。伯牙即兴弹了一曲《高山》，子期情不自禁地赞叹道："多么巍峨的高山啊！"接着，伯牙又弹了一曲《流水》，子期再次称赞说："多么浩荡的江水啊！"伯牙又钦佩又激动，对子期说："在这个世界上，只有你能听得懂我的心声，你真是我的知音啊！"就这样，两个人结拜为生死之交。

伯牙与子期约定，一旦周游完毕，就会亲自去子期家登门拜访。一日，伯牙如约来到子期家登门拜访，却听闻子期已经不幸因病去世了。得知这个消息后，伯牙伤心欲绝，奔到子期墓前为他弹奏了一首充满悲伤和怀念的曲子，然后站起身来，毫不迟疑地在子期的墓前把自己珍贵的琴砸碎了。从此，伯牙与琴绝缘，再也没有弹过琴。

因为钟子期能够听懂俞伯牙的琴声，所以人们就把俞伯牙与钟子期的惺惺相惜当成是知己的典范。的确，真正的知己不会受到外物的限制，就像伯牙鼓琴志在高山，钟子期曰："善哉，峨峨兮若泰山！"鼓琴志在流水，子期便曰："善哉，洋洋乎若江河！"伯牙所念，钟子期必得之。那是心有灵犀的奇妙，是一种无须言说的理解，是心灵长久的感动，是两人情操智慧的共鸣。

那么，到底什么样的朋友才值得我们与之并肩作战呢？

1.知己

"知己"就是体现在"知"上，就是能够互相了解、互相体谅、以诚相待，没有任何的期满，虽然这点看起来简单，但生活中能做到的人却很少。这也正解释了为什么知己难寻。

2.有共同语言

共同合作还需要有共同语言，两个人只有存在共同语言，才能相谈甚欢，才能有高山流水般的共鸣，否则，充其量只能称为朋友。

总而言之，知音难觅，知己难求，遇到志同道合者一定要珍惜。

朋友有很多种，有莫逆之交，有点头之交，而曾国藩说的金石之交，就是知己，就是与自己志趣相投的人。与人合作，就要选择志趣相投的人。

告别两败俱伤，实现优势互补

现实生活中，在人与人之间的博弈中，我们都希望能赢取最大的利益，有时受到利益的驱使，谁也不肯退一步，最终就会出现博弈论中的囚徒困境，对方也会全力反击，最终弄得两败俱伤。而且，敌对形势一旦形成，双方就很难全身而退。两败俱伤是我们想要的结果吗？当然不是！那么，为什么不找一个更优化的策略呢？这个策略就是优势互补。选择合作，合作才能双赢。

的确，博弈结果的好坏，取决于策略的好坏。改变自己的态度，不要每次都将胜利作为目标，那么，也许你跟对手都能走出囚徒困境。

A公司与B公司同样生产皮革，他们的产品都是供给制鞋公司作生产原料的。起初，两家生产皮革的公司互为仇敌，互相诋毁，结果制鞋公司趁机压价，从中获取了不少好处，两家皮革公司遭受了严重的损失。后来A公司和B公司意识到了这一点，于是两家公司联手，这才挽回了局面。正所谓鹬蚌相争,渔翁得利。因此,在商界上没有永远的敌人,要以朋友的心态对待竞争对手,并与对方结成战略同盟,一起维护共同的利益。

由两家公司由敌人变为朋友不难看出,敌人都是一时的。人际交往、政治斗争中,敌人不是永远的,同样,商业竞争中,敌人也是一时的。

取长补短、优势互补是一个很重要的合作方式。主动沟通、相互依赖、有效合作,才能使大家都能得到更好的生存和发展。

生活中,我们常常听到一句话:"没有永远的敌人,只有永恒的利益。"这句话的意思是,交往双方之间的关系,不一定是完全敌对的或者是完全友好的,它是变化的,而主宰这一关系的,就是利益。我们发现,这句话小到生意场上的交往,大到国际来往,都是适用的。打个很简单的比方,两个国家之间,他们使用的语言不同,却为了交涉某个利益问题而坐下来协商;两个曾经势如水火的人,也可能为了达到某个共同的目的而握手言和。在生意场上,过去的合作伙伴为了各自的利益,瞬间就成了竞争对手!反过来,竞争对手也可以为了共同的利益关系变成合作伙伴!

总之,最大的胜利不是压倒对方,而是引导对方采取对大家都有利的策略,通过合作达到双赢。

刺猬法则

学会让步与合作，才能获得彼此满意的结果

生活中，我们每个人都有几个对手和敌人，对此，一些人在与对手交锋的过程中，为了获得利益，他们始终不肯让步，甚至与对手争论到了不可开交的地步。最终，他们"获胜"了，但从长远的角度来看，他们还是失败了，因为从社交的角度看，那种不懂得双赢原则的人，最终不会得到任何人的信任与好感，将成为社交中的弃儿。所以，胜利与失败并不是社交活动最好的结果，最好的结果是双赢，正如一句广告词说的一样："大家好才是真的好！"举个很简单的例子，大家一起排队坐公交车，如果都争相上车，谁也不让谁，最终结果只能是所有人都堵在车门口；而如果所有人都遵守前后秩序，一个个排队上车，这样，不仅所有人都能坐上车，还节省了不少时间。

可见，在人际交往中，我们与对手之间代表的利益方是不同的，每个人只有学会求同存异和让步，才能求得一个大家都满意的结果。

因此，生活的人们，即使与对手较量，也要学会运用双赢

的思维,引导对方看到对双方都有利的合作方式和利益点,这样才能得到一个皆大欢喜的结局。

杨鑫是一家油漆公司的销售主管,她所在的公司推出的油漆有环保、无异味的特点,很符合现在家居环保的要求。正是这一优点,让这家公司的生意一直做得很好。

最近,她联系了一家地产公司的李经理,洽谈了许多合作事宜。但是,李经理坚持要降价,这一点让杨鑫很为难,她需要回去和上级领导商量,于是谈判暂时搁置。不久后,杨鑫和李经理再次坐在了谈判桌旁。

"李总,您好!关于您提出的降价条件,我已经与公司上级领导商量过了。我们都觉得,如果您能在贵小区优先替我们旗下的新油漆公司做广告宣传的话,我们公司愿意以最低的价格与您这样的大客户长期合作。"

"不好意思,我们从不会为住户主动推荐油漆。"

"您误会我的意思了,我们并不是希望您推荐,我们只需要一个安全的宣传环境就行。"

"你们要宣传多久?"

"从开盘开始后的一年内。"

"可以。"

最终,李经理以最低的价格采购了油漆,而杨鑫公司的新产品也得到了大力的宣传,销量很好。

案例中,作为谈判方的代表,女主管杨鑫的聪明之处,就是利用了双赢这一原则,让客户和自己实现了利益互补,交易必然水到渠成。

其实,很多时候,在与对手较量时,我们也应该运用这一思维。社会总是会有竞争的,人与人之间的利益也总是不平衡的,关键在于我们抱着什么样的态度。只要抱着"我好,你好"的双赢态度处理人际关系,就将会获得最理想的结果。

为此,我们都应该学会运用双赢思维,具体来说,应该做到:

1.找出双方利益的平衡点

这个利益平衡点就是双方交流的中心,也是能成功打动对方的前提。当然,这还需要你作出让步,才能达成共识;一味地坚持,只会争得面红耳赤。同时,眼光一定要长远。要记住,这次的"妥协"和"退让"只是为赢得对方信任和下一次的合作彩排而已。

2.学会站在对方的立场说话

一位成功的推销员这样说道:"当我不去追求自己想得到的东西,而是去帮助别人得到他们想得到的东西时,我在经济上就会获得更多的成功,而在生活中也会有更多的乐趣。"的确，无论是从事推销工作还是整个社交活动，这是强化心理感受、获得心理认同感的重要方面。

3.学会逻辑演绎，让对方接受"利益点"的变化

人与人之间的交际基本上是一种利益交换的过程。这种交换不仅可以指物质上的，更可以指精神上的，如赞美、声望等，有时候这更能使对方获得心理上的满足。

总之，在与对手较量的过程中，我们要懂得互惠互利，争取双赢。并学会引导对方的想法，以利益为核心，经过层层推进，让对方接受利益的均衡。

第四章

收起自身的"刺",做人做事才能留有余地

今天你给他人留余地,明天他人给你留条路

与他人相处的过程中,我们一定不能将事情做绝,把事情做得太绝,无疑是断了自己的后路。懂得给他人留有余地,不只是放他人一马,更是为自己的将来多留条路。不把事情做绝,不把话说满,是每个人必须懂得的交际之道。

步入社会的年轻人在与人交往的过程中,一定要注意给别人留余地、留面子。有位哲人说:"不要把痰吐在井里,哪天你口渴的时候,也要来井边喝水的。"这就是让人们懂得给别人留点余地,方能让自己从容转圜。如果你此刻不给别人留余地,当你困窘的时候,就要小心别人不给你留余地。久历江湖、人情练达的人都知道,不要把对手逼到绝地,否则迟早有一天,你也会被逼到悬崖边上。说话做事不给别人留有余地,也就是不给自己留后路。

那么,对年轻人来讲,如何才能给他人留有余地呢?交往说话的时候,要更多地使用模糊语言,才能够不给别人攻击的空间。如果话说得太满,就不免让人有机可乘。

最著名的就是"自相矛盾"的例子。卖兵器的人说:"我

的矛是世界上最尖锐的，什么盾都能攻破。""我的盾是世界上最坚固的，什么矛都戳不穿。"这样，他的话被别人抓住了把柄："以子之矛，攻子之盾呢？"最后搞得这个人满面通红，好不尴尬。如果他说话不是那么满，就会有回旋的余地，也不至于到最后下不来台。所以，许多名人在面对记者的询问时，都爱用这些字眼，如可能、尽量、或许、研究、考虑、评估、征询各方意见……这些都不是肯定的字眼。他们之所以如此，就是为了留一点儿空间好容纳"意外"；否则一下子把话说死了，结果事与愿违，那不是很尴尬吗？普通人与人交往时，最好也用"我试试""我尽量"等可以随机应变的、有余地的语言，否则就会让人觉得你不可靠，给别人留下说大话、不守诺言的不良印象。

有一匹马挣脱了缰绳，吃了菜园中的菜。主人为了惩罚它，鞭打了它一顿，打得血迹斑斑，马跪下来向主人求情，但是主人并没有停下手中的鞭子，一直打到这匹马气息奄奄。午夜的时候，睡梦中的主人被惊醒了，原来是那匹马恢复了体力，咬断了缰绳逃跑了。主人立即起身去追，却只能看着马越跑越远。

如果当时主人在盛怒之下，留点余地，饶恕那匹马，马就不会逃之夭夭，自己也不会损失惨重。

当然，给别人留余地就需要年轻人无论在什么情况下，都不能直接把他人推向风口浪尖，置人于绝境，否则别人就会做出极端的反抗，这对双方都没有好处。事事给别人留一点余地，也就是给自己留下了生存的缝隙。凡事总有意外，留有余地，就是为了容纳这些意外。现今社会更是如此，"十年河东，十年河西"，你在今天把别人逼得走投无路，就要小心有一天位置交换，对方把你逼得走投无路。如果杯子没有空间，加入水就会溢出来；如果气球没有空间，就会爆炸。人只有说话做事留有余地，才不会由于意外而下不来台。留有空间，留有余地，才能从容转身，不至于陷入绝境。有进有退，收放自如，才能更机动灵活地处理和解决更复杂的问题。

年轻人一定要明白给他人留有余地这个道理，这是人际交往中非常重要的一点。给他人留有余地，留下退路，就是给自己的未来留下后路。

先付出信任，才能得到他人的信任

诚信，是人与人交往的必要前提。年轻人要学会信任他人，这个信任自然不能是盲目地信任。信任是讲诚信的表现，是我们对自己信誉的要求。如果想要他人信任自己，那么，我们要先学会信任别人，这样才能在交往中赢得他人的欢迎。

盲目地信任他人很容易受骗，对那些来历不明的陌生人，我们要保持警惕，但是对我们身边的熟人，选择信任他们会赢得他们的感激。任何一种盲目的信任都要付出代价，而任何对交往对象的猜疑，也会使人受到伤害。我们有辨别是非的能力，就要睁大双眼，辨别那些值得我们信任的人，给他们安全感和可靠感。信任他们，认可他们，才会得到他们的赞同。尔虞我诈的欺骗和虚伪的敷衍是对人际关系的亵渎，任何人都不会无缘无故地喜欢、认同一个人，他们的喜欢、认同都是建立在我们对他们的信任之上的。所以，真诚地对待一个人、相信一个人，才可以让别人产生敬佩、赞同的感情。

当然，和信任截然相反的就是多疑和猜忌，很多人都有猜忌他人的坏习惯，这固然与一个人的心胸有关，同时也是不自信的表现。一个喜欢猜忌他人的人，通常有着很深的自卑心理，导致不能客观地对待别人，总是以先入为主的偏见对待他人。

有个人丢失了一把斧子，他怀疑是邻居偷了，所以时时留心观察邻居的所作所为，觉得邻居走路、说话、神态都像是偷了他的斧子，他肯定邻居就是那个小偷。不久，他在自家的地里找到了斧子，这时再观察邻居，就觉得他说话、走路、神态全然不像小偷的样子了。

同样的一个人，只是因为你看他时的心理发生了变化，才会有不一样的结论。猜忌正是一种主观想象和推测，不以事实为根据。你有没有遇到过类似的情况？总以为谁在背后说你的坏话，总以为别人聚在一起是在取笑你，总以为有人在背后陷害你，结果事实上根本没有那回事。事实上，每个人都有猜忌多疑的一面，越是面对和自己亲密的人或者和自己敌对的人，猜忌心理越是严重。

虽然谨慎行事是很有必要的，但是谨慎不能和猜疑画上等号。猜疑只会让我们一事无成，只有真诚地信任他人，才可以让人际关系更加和谐。信任能看出一个人的品质，一个人的修养，它就像你的一个习惯，能帮你提升礼仪，提高教养，戒掉猜疑别人的毛病，也会让你更从容。任何人际关系都是建立在相互往来的基础之上的，如果你不信任别人，猜忌别人，就很可能招来别人的怀疑。想要信任一个人，首先要从相信他说的话开始。如果你觉得他说话谨慎，不夸口、不张扬，这样的人，一定值得你信任。相反，说得天花乱坠的人，他的话的可信度通常要打个折扣。人们对一个人的信任，通常有一个循序渐进的过程。首先是相信他的话语、态度，然后相信他的能力，最后相信他的人品。

信任他人，就是信任自己的眼光；而怀疑别人，也是对自己的眼光和生活态度的审视、怀疑。相信别人就要相信他的能力，一个人的能力得到你的认同和信任时，他会把你当作知遇之人。给年轻人一项大任，他通常会赋予100%的热情与精力而不求任何回报地完成它。在语言上表示对他人的认同，不如以实际行动来表达更好。面对他人的请求，迟疑的态度无疑会刺伤对方的自尊心，绝对的信任才会激发一个人的热情。

我们在与人交往的过程中，要用善意的眼光看待对方，不要因为一些小事就对对方起了猜疑之心。善良、公正的人才会赢得他人的好感。信任是种礼貌，是种尊重，它会对你今后的人生发展有重要的帮助。

放松下来，不能让自己四处树敌

我们都知道，要想在社会中站稳脚跟，就不能让自己四处树敌，与其多个敌人，不如多个朋友，这个道理年轻人都了解。为此，我们就要避免因为自身的原因给生活带来不顺心，巧妙地化解误会和仇恨，才能让我们的生活氛围变得融洽。

一个聪明的人在与他人相处的过程中总是保持温和的态度、合理的距离，让他人有温暖又不过分亲密的感觉，从不在大家面前展现自己骄傲、强势的一面。他总是会面带微笑，当请求你帮助的时候，她总会感到抱歉，让你不忍心拒绝，即使你再辛苦，也会被她一个感激的微笑、一个真诚的眼神、一句温暖的话、一杯热咖啡融化掉。聪明的人会用最富有智慧的、幽默诙谐的语言解除你的尴尬；会用自己独特的魅力把整个办公室的气氛调节得融洽而和谐；会把自己的办公桌收拾得整洁而有情趣。

那么，什么样的人容易给自己树敌呢？了解这个，才能在生活中获得更多朋友。

1.高傲

高傲的人容易伤害别人的自尊心，高傲的人一般都比较优秀，优秀又不加掩饰，最容易成为众矢之的，处处树敌。高傲的人通常"鼻孔朝天"，不但得罪同事，在上司面前也不会讨巧，不但同事嫉妒他，上司也会认为他自视清高，这样最容易错过良机。所以，越是优秀有才华的人，越要学会随和，学会亲切。

2.冷漠

冷漠的人表面上看起来并不骄傲，但是他的内心比谁都骄傲，他会笑嘻嘻地和每个人保持一定的距离，看起来很亲切，实际上却是遥不可及。当你走近他时，他会用冷漠、疏离提醒你，也从来不向你提及工作以外的事，遇到事情则"事不关己，高高挂起"，和所有的人交往都很谨慎。这样的人虽然不会闯什么大祸，但和同事们也不会相处得很好，不会和所有人打成一片，甚至对公司也没有归属感。这样的年轻人不会被领导器重，也不会很快得到升职，所以，人们虽然不敌视他，但对他也没多少好感。

3.自私、刻薄

自私的人只顾自己的利益，不顾别人的感受，最容易因为利益关系和竞争对手树敌。其实，只要他们稍微顾及一下别人的感受，就能够做一个"不讨人厌的利己主义者"。刻薄的人通常喜欢以犀利的语言嘲笑或者捉弄别人，重要的是他们喜欢"哪壶不开提哪壶"，所以到处树敌。

4.强势

强势的人会让人感到威胁，他们我行我素和不容他人质疑的性格会让许多人受不了。因此，尽管只是工作意见上的不同，他们也会拼命地维护自己的观点，因而和许多人结怨，更不用说其他方面的争执了。他们让女人感到害怕，让男人感到有压力，让有资历的人感到有威胁。而如果他只是一个微不足道的岗位上的一个小角色，就会遭到所有人的封杀，这真的是最不聪明的做法。

我们只有知道了应该注意的地方，才能"化戾气为祥和"，化敌为友，为自己的人脉网再添一笔。一个真正聪明的人会让自己到处都是好朋友，到处都有人愿意帮助他；而一个自以为是的人，才会成为"公敌"，让自己陷入"四面楚歌"的困境，甚至不得不牺牲掉一份本来很好的工作，而且他的"聪明"会让自己和别人都过得不好，尤其是让自己陷入"两难"的境地。

所以，我们一定要改掉自认为高人一等的骄傲和傲气，让自己放松下来。只有心平气和地接受他人，他人才不会对你竖起鸿沟。要学着处理和周围人的人际关系，让自己在事业上进行得更顺利。

今日留分寸，日后好相见

常言道，祸从口出，言多必失。人与人之间交流，主要依靠语言。很多人说起话来不假思索，想说什么就说什么。这种脾气秉性和语言风格，在私底下的场合也许还可以，却无法登上大雅之堂。试想，如果我们在工作中对同事和客户口无遮拦，导致工作受到影响，我们又如何能够得到上司的认可和赏识呢？其实，不仅客套的关系需要注意交流的方式方法、做事的分寸，亲密的关系也同样需要用心经营，才能加深彼此间的感情。

一个人生存在社会中，注定要与他人交流。生活中烦琐的事情，我们需要不断与他人交流和沟通，才能彼此了解，获得共鸣。工作中，我们更要注意为人处世的分寸，唯有如此，才有回旋的余地，才能让自己有更大的施展空间。正如人们常说的，说出去的话如同泼出去的水，是很难收回来的，也可以说是根本收不回来的。在这种情况下，我们与其心直口快地说完做完之后再懊悔，不如三思而后行，都给自己留有余地。

很多人说话过于绝对，其实，这个世界上没有任何事情是有绝对把握的。一则很多事情都处于发展和变化之中，二则以绝对的口吻说话很容易引起他人的误解和挑剔。假如遇到苛责的人，他们是一定能够从绝对的话中挑剔出毛病的。因此，我们与其给他人挑剔的借口，不如自己委婉地说话做事，给自己留有分寸，这样就算自己很有道理，也能避免得理不饶人的尖酸。此外，我们有了更大的斡旋空间，也可以在与对方交流或者相处时占据主动权，避免被动。总而言之，任何时候都不要把自己逼上绝路，除非你想破釜沉舟，背水一战。

唐然在一家高档酒店当服务员。这一天，她正在为一位外籍客人服务，发现那位客人酒足饭饱，结账之前居然把酒店专门定制的青花瓷餐具装入自己的口袋中。这些青花瓷餐具是酒店的一大特色，而且是酒店专门定制的，价值不菲。这可怎么办呢？直接指责客户，必然会惹恼外籍客人，甚至会扩大事态，一发不可收拾；不说的话，餐具丢失，她作为负责人是要承担损失的。思来想去，她想出了一个好办法。

她到柜台拿了一套全新的餐具，这种餐具和酒店里用的餐具完全相同，只不过酒店正在用的餐具是有酒店的标志的，而这种餐具是专门供客人购买、留作纪念的。她不卑不亢地对客人说："先生，您一定很喜欢我们酒店的青花瓷餐具吧。您真有眼光，这些餐具都产自景德镇，很多客人来我们这里用餐，都会爱上这套高雅别致的餐具。不过，酒店使用的餐具带有标志，看起来显得不够美观。我这里有一套餐具是不带标志的，其他的与酒店使用的餐具都一样。很多客人都会选择购买这样一套餐具，带回自己的国家作为珍藏。当然，我们酒店虽然不是专业经营瓷器的，但是这些餐具都是成本价销售，是您在外面买不到的低价格哦！"听到唐然的话，那位外籍客人当即表示要买一套餐具，而且趁着唐然去帮他结账的工夫，把装入口袋中的那套餐具放回了餐桌。

以委婉隐晦的暗示和表达，唐然很好地解决了外籍客人私拿餐具的问题。原本，作为服务员就必须具备处理应急问题的能力，但是在对待外籍客人的问题上，唐然显然更加慎重。她的处理方式非常有分寸，既保全了外籍客人的颜面，也给了外籍客人台阶下，而且给了自己回旋的空间。这样一来，不管客人是否能够意会她的意思，都不至于一下子让事情陷入僵局，唐然也由此争取到了解决问题的主动权。

为人处世，不管是说话还是做事，我们都要给自己留有退路。说话不要说得太绝，做事不要做得毫无回旋的余地，唯有面面俱到地处理问题，才能给人留下安全的感觉，也使人觉得非常贴心。现实生活中，我们很多时候会面临两难的境地，诸如不知道如何当面拒绝别人的请求时，面对别人的好意自己却丝毫不受用时，我们都必须组织好语言，才能尽量处理好问题。对于想要拒绝的请求，千万不要直截了当地拒绝，更不要不假思索地接受，这样都是会伤害他人的。我们唯有拿捏好分寸，才能最大限度地经营好人际关系，让我们的人生更加顺遂圆满。

你可以不拘小节，但不可以没心没肺

很多人自诩率真，因而说话做事完全凭着本能，根本不会理智认真地思考。长此以往，他们必然更加没心没肺。要知道，真诚率性与没心没肺之间是有显著区别的。现实生活中，很多人办事鲁莽，哪怕是一件小小的事情，也常常会纰漏百出。不得不说，这不仅仅是做事习惯的问题，也是为人秉性的表现。

现代社会，尤其是现代职场，竞争非常激烈，每个人要想从人才济济的职场中脱颖而出，除了要提升自己的能力，还要学会做人做事。正如很多朋友常说，一个人难的不是做一件好事，而是一辈子做好事。那么对我们而言，难的不是偶尔做一件惊天动地的大事，而是做好每件点点滴滴的小事。这就要求我们不能没心没肺，而要更注重细节。我们都知道细节决定成败，所以要想获得成功，首先不能马虎。也许和朋友相处，丢三落四会被看作是可爱，但是在职场上丢三落四，就会被认为是能力太低、为人不可靠，可想而知，会对我们的职业生涯造成多么严重的影响。踏踏实实地做人做事，能够改变我们的一生，这绝不是简单说说而已，而是由无数成功者验证得出的。

美国福特汽车公司曾经作为美国汽车行业的龙头老大，在全世界首屈一指。作为福特汽车公司传奇的创造者，艾柯卡当初进入公司纯粹是因为"捡废纸"的细微动作。

当时，刚刚大学毕业的艾柯卡去福特公司应聘，在所有的应聘者中，他的学历是最低的。为此，艾柯卡觉得有些沮丧，甚至断定自己根本没有机会进入大名鼎鼎的福特公司。当他有些绝望地敲门走进董事长办公室时，突然看到进门的地方有一张废纸，他自然而然地弯腰捡起，确定是无用的废纸之后，就把它扔进了不远处的垃圾桶里。董事长始终在看着他做这一切，等到艾柯卡自我介绍说是来应聘的之后，董事长当即宣布："欢迎您加入，艾柯卡先生，您已经通过了考核。"原来，董事长正是看到艾柯卡捡起那张废纸扔进垃圾桶，才对艾柯卡刮目相看的。

评判一个人的素质高低，不仅要看他重要时刻的表现，也要看他在微小细节中的表现。只有在细节处严格要求自己，绝不放松，而且能够把握分寸，把事情做得恰到好处的人，才是真正脚踏实地做事的人。我们必须从小事做起，认真细致做好自己面对的每一件事。唯有正确对待人生的方方面面，绝无疏漏,才能成就自己。

很多不在乎细节的人,总是以细节无关紧要为由开脱自己。正如古人所说,一屋不扫何以扫天下,一个人假如连小事情都做不好,又如何能够把握全局,铺开人生的画卷呢?要想做好人生中的小事情,我们就必须养成关注细节、把握细节的好习惯。细节决定成败,我们唯有做好每个细节,才能让人生滴水不漏,获得成功。

有个学生即将大学毕业,面临毕业论文和毕业答辩。为了提高毕业论文的质量,这个学生通过自己导师的介绍,找到李教授为他批改论文。但是,这个学生此前并没有见过李教授,几经打听才来到李教授的办公室,直接敲门问道:"请问李某某在吗?"此时,李教授正在办公,不由得纳闷地抬头打量来者,毕竟很少有人直呼他的大名。和李教授相见后,这个学生更是口无遮拦、大大咧咧地说:"原来你就是李某某啊,我是张某某的学生,他让我来找你改毕业论文。"毫无疑问,堂堂一个教授,被学生这样直呼其名,心里是何滋味。李教授当即毫不留情地说:"对不起,你不配当我的学生,接受我的指点。但凡小学生,也应该知道懂礼貌。你应该小学都没有毕业吧!"这个学生被李教授说得脸上红一阵、白一阵,只好拿着论文悻悻地走了。

这个学生的确不配得到教授的指点，因为他连基本的礼貌都做不到。也许他并非刻意怠慢，但是他的行为却严重表现出他的低下素质。很多人都以不拘小节自诩，却不知不拘小节未必是真性情的表现。任何时候，我们唯有注重细节，才能把握大局，做到最好。我们不要成为一个没心没肺的人，而要成为一个内心聪慧的人。

贬低他人，并不能抬高你自己

人与人交往的过程中，有些人很尊重他人，有些人却恰恰相反，肆意贬低他人，从而间接抬高自己。殊不知，肆意贬低他人的方式，非但无法抬高我们的身份，反而会给旁观者留下不好的印象，从而降低我们的身份。善于交际的人，总是尽量在朋友和同事面前表现出自己优秀的一面，如注重自己的形象，或凭借伶牙俐齿和良好的言行举止提升自己的格调。其实，所谓的抬高自己，也就是竭尽全力表现自己，从而赢得他人的肯定和赞美。当然，表现自己，抬高自己，原本是无可指责的，但是我们不能为了抬高自己就肆意地贬低他人。假如我们用过于夸张的方式方法抬高自己，由此给他人造成压力、带来伤害，无疑会使人反感。有些人还喜欢与他人比较，以高高在上的姿态小看他人，贬低他人，殊不知这样非但无法凸显我们的价值，反而会使我们表现出卑鄙龌龊的一面，遭人小看甚至是耻笑。

正如人们常说，不要把自己的幸福建立在他人的痛苦之上。和他人比较也正是如此，当我们用自身的优点和他人的缺点相比较时，就是在以自身的优点贬低他人的缺点，自然无法给人留下好印象。假如我们能够多为对方考虑，多多夸赞他人的优点，非但不会贬低我们自己，反而能够表现出我们的宽容谦虚。

张娜和刘欢一起去外地出差，准备为公司采购一批紧缺物资。到达外地之后，她们才发现外地货物紧缺，市场已经没货了，必须等至少两个月才能有货。为此，张娜和刘欢只好沮丧地打道回府，她们都很发愁如何向老板交差。

回到公司，她们一起去向老板汇报工作。张娜首先简单说明了外地货源紧缺的情况，老板也表示理解。不想，刘欢突然对张娜说："娜姐，要不是你那天贪睡，导致我们出发晚了，也许提前一小时订货，还能找到些许货物应急呢！"听到刘欢的话，张娜马上变了脸色，她不高兴地说："你这个人可真逗，把这么大的帽子扣在我头上，我能戴得起吗？这本来就没有货了，跟我起床早晚有什么关系呢！"老板听到刘欢的话，马上说："张娜，你可要虚心接受批评啊，以后必须改正，出差的时候要早些起床，毕竟情况瞬息万变呢！"张娜当然无法反驳，只能吃了这个哑巴亏，但此后在工作中，她始终对刘欢敬而远之，再也不愿意与刘欢合作了。

其实，老板也知道刘欢是在明目张胆地推卸责任，因此对刘欢也并没有留下好印象。虽然张娜没有当场与刘欢翻脸，此后却疏远刘欢，不愿意再与刘欢合作，这对刘欢而言当然是一种损失。不管是在生活中还是在工作中，我们都要避免贬低他人，当然可以抬高自己，但要以恰当的方式。通过肆意贬低他人，我们非但无法抬高自己，反而会给他人留下不好的印象，导致得不偿失。

就算对一个人再怎么心怀不满，我们也不能随意贬低他人人格，否则我们伤害的就不是他人，而是我们自己。表现自己和贬低他人虽然看起来没有太大的区别，但关系是非常微妙的，我们唯有把握好分寸，才能如愿以偿地表现自己，同时尊重他人。从本质上来说，通过贬低他人的方式来提高自己，是一种损人不利己的方式。唯有避免这样的行为，才能经营好人际关系，也才能得到他人的认可和好感。

第五章

别让自己的刺扎向自己，
学会和自己好好相处

接受孤独，学会和自己好好相处

我们都生活在一定的集体中，任何人的一生都不可能脱离他人而存在，但我们又是孤独的。你是否曾有这样的体验：夜深人静时，在我们内心深处，渴望被人理解，渴望被接纳，但是，相识满天下，知己能几人？谁又能时刻陪伴我们呢？的确，在人群中前拥后抱，热热闹闹，常常让人误以为这就是生活的常态，其实，孤独才是人生永恒的状态，正如作家饶雪漫曾说："不要害怕孤独。后来你会发现，人生中有很多美好难忘的时光，大抵都是与自己独处之时。"

的确，不管与别人如何交集交织，我们一辈子相处得最多的还是自己。所以，任何人都要学会接受孤独，并学会和自己好好相处。

有本书上曾经这样说："能够忍受孤独的，是低段位选手；能够享受孤独的，才是高段位选手。"不同的人生态度，成就了不同的人生高度。一个真正有内涵的人，不在于他能说出多少部跑车的名字，而在于他懂得怎么修理好一个柜子，养活一缸鱼，下厨煲一锅汤，会照料受伤的小动物等。这一切远胜于在酒吧呼朋唤友。有内涵的人有自我内心的坚定和认知，不被外界左右，专注工作和学习，独具一格。

朱自清先生在散文《荷塘月色》中写过这样一段话："我爱热闹，也爱冷静；我爱群居，也爱独处。"人在独处之时可以想许多事情，可以不受他物的牵绊，让自己的思想尽情遨游，在深思熟虑中获得生命的体验与感悟。这便是孤独的妙处吧。

刘女士是一家外贸公司的老板，从公司成立之初到现在已经有3年时间了。虽然公司已经小有规模，但毕竟是家小公司，很多事还是需要刘女士亲力亲为，大到公司发展规划的制订，小到公司的财务问题，都需要她亲自处理。然而，更让刘女士感到心累的是，她几乎每天都要应酬客户，不停地吃饭、喝酒、谈判，让她感到厌烦，甚至是恐惧。

有一段时间，她的胃病犯了，医生建议她不要在外面吃饭了，于是，她决定给自己放一个星期的假，调理调理身体。

这一周，她开车回到了农村的老家。老家位于静谧的乡村，清早起来，她听着潺潺的流水声、空谷中鸟儿的啼叫声，呼吸着新鲜的空气，那些所谓的客户、订单、酒桌等都抛到了脑后。

就像做了一场梦，她感到了前所未有的放松。她心想，也许只有独处、寂寞才能让自己的心静下来。

从那以后,刘女士每周都会花上半天时间来自己的"秘密基地"调整心情。偶尔,她也会带上自己的好茶,坐在河边,什么都不想,就一个人,什么都不做,她很享受这样的时光。

的确,生活中,很多人都和刘女士一样,因为工作、生活,不得不四处奔波,硬着头皮在喧嚣的尘世中闯荡,长时间下来,他们疲惫不堪、精神紧张,却不知如何调节。其实,如果我们能挤出一点时间独处,心情就会得到舒缓。

几乎所有人都在教我们如何合群,如何与别人沟通,却没有人告诉我们孤独才是生命的本质。然而,城市那么大,扰乱我们心绪的因素太多,对此,我们要懂得调节:

第一,静下心来。要学会独处,然后去思考,把自己的心放空,这样,你每天都会以全新的心态和精神面貌去生活、工作。同时,你需要降低对事物的欲望,淡然一点,你将获得更多的机会。

第二,学会关爱自己,爱自己才能爱他人。多帮助他人,善待自己,也是让自己宁静的一种方式。

第三,心情烦躁时,多做一些安静的事,比如,喝一杯白开水,放一曲舒缓的轻音乐,闭眼,回味身边的人与事,慢慢梳理新的未来，既是一种休息，也是一种冷静的思考。

第四，和自己比较，不和别人争。你没有必要嫉妒别人，也没必要羡慕别人。你要相信，只要你去做，就一定有收获。你要为自己的每一次进步而开心。

第五，多读书，阅读实际上就是一个吸收养料的过程，你的求知欲在呼喊你，生活就需要这样的养分。

第六，珍惜身边的人。无论你喜不喜欢对方，都不要用语言伤害对方，而应该尽量迂回表达。

第七，热爱生命，每天吸收新的养料，要有不同的思维，多学会换位思考，尽量寻找新的事物满足对世界的新奇感和神秘感。

第八，只有用真心，用爱，用人格去面对生活，你的人生才会更精彩！

总之，每天保持一份乐观的心态，如果遇到烦心事，要学会哄自己开心，让自己坚强自信，只有保持良好的心态，才能让自己心情愉快！希望每个人都能快乐地过好每一天！

可见，学会自我调节，学会享受孤独，学会和自己相处，有一颗平静的心，做好你自己，我们的生活就会更加成熟，更加深沉，更加充实。

人无完人，你只需要成为你自己

任何人都知道，人无完人，但对生活，人们却不能以同样的心态面对，他们总是希望自己的生活可以过得更好，总是认为自己可以获得更多，总是苛求生活。而很多不快乐的人，痛苦的来源就是"把自己摆错了位置"，总要按照一个不切实际的计划生活，总是希望自己能成为他人眼中完美的人，于是，他们总是跟自己过不去，所以整天郁闷不乐。而快乐的人之所以快乐，就是因为他们能正确地认识自己，从而摆正自己的心态，他们懂得享受生活，懂得把握当下。事实上，我们每天都可以做自己喜欢的事情，不在乎表面上的虚荣，凡事淡然，不苛求，那么，快乐、幸福就会常伴我们左右。

的确，人无完人，追求完美固然是一种积极的人生态度，但如果过分追求完美，而又达不到完美，就必然心生忧虑和自卑。过分追求完美往往不但得不偿失，反而会毫无完美可言。

玛乔里说："不要为得到别人的赞美而活着，让自己感到骄傲，才是真正的人生。惧怕别人看到自己的短处，这不过是一种虚荣心而已。"俗话说："金无足赤，人无完人。"人生确实有很多不完美之处，完美只在理想中存在。生活中的遗憾总会与你的追求相伴，这才是真实的人生。人不应过分地奢求不属于自己的东西，不要让追求完美成为生活中的苦恼。

心理学家说，生活中总有许多事情让人捉摸不透，有些人活着就是为了得到别人的赞赏，太在乎自己的容貌、在乎自己的面子，每天为了穿什么衣服、是否说错了某句话而思考良久，甚至忧心忡忡，这样的人活着很累。有些人为了掩饰自己的虚荣心理，自欺欺人就成了他们最好的慰藉。为了别人看似的美丽而活，会失去本色的自己。

现实生活中，我们每个人都不应该过分苛刻地要求自己，更不要活在别人的眼光中，正如但丁说的："走自己的路，让别人去说吧。"如果你时时关注自己在他人眼中是否足够完美，你最终会殚精竭虑、身心俱疲。其实，生活的目的在于发现美、创造美、享受美，如果不善于发掘它的闪光点和长处，就难以找到真正的美。

然而，遗憾的是，在这样一个讲究包装的现代社会里，人们常常禁不住羡慕别人美丽、光鲜的外表，从而对自己的某些欠缺产生自卑，进而导致了内心的苛刻与紧张。其实，没有任何一个生命是完美无缺的，每个人都会缺少一些东西。

我们发现，有些夫妻恩爱、收入颇丰，却苦于一直没有孩子；有的年轻女士才貌双全，在情感路上却总是坎坷难行；

有的人家财万贯，却被病痛折磨……每个人的生命，都会有缺陷，你不想要它，它却如影随形。因此，对生活中的缺失和不足，你不妨宽心接受，放下无谓的苛求和比较吧，这样反而更能珍惜自己所拥有的一切。

诚然，现实生活中，我们不可能对遗憾毫不在意，但我们可以试着将注意力转移到其他方面，培养自己的兴趣爱好。为了给自己的心灵释压，让自己快乐，你不妨放下执念，做回真实的自己，你会发现，原来，你也可以不受束缚！

除了你自己，没有人能贬低你

心理学家说，产生自卑的原因有很多，有的人喜欢用过高的标准审视自己，结果使自己永远处于达不到要求的失败地位，导致产生自卑感；有的人很在意别人对自己的评价和看法，面对别人的贬低往往产生自卑心理；有的人错误地把别人对自己的夸奖当作讥讽，他们感受到的信息带有自我否定的倾向性，于是越发卑微、低下；有的人对家庭或自己的经济收入以及地位感到不满，由物质生活和精神生活的攀比导致产生自卑的心理；有的人由于身体的缺陷不能像正常人那样生活，也会产生自卑的心理。

处于困境中的你是否想过，难道你的人生就应该这样吗？你就应该如此活着吗？你来到这个世界上，与别人顶着同一片蓝天，踏着同一片土地，呼吸着同样的空气。别人靠着努力拼搏，过着优裕的生活，而你却在为生活奔波。为什么你不是那个成功者呢？

成功者给出了这样的答案：他们从不认为什么事情是不可能的，他们充分肯定自己的判断和能力。就如罗斯福所说：

"除了你自己,没有人能贬低你。"

所以,无论处于什么样的人生境地,我们都不要看轻自己。只要发现适合的时机,就应该纵身一搏,升华生活,闯出自己的晴空,拼搏出属于自己的七彩人生。

有一个农夫整天埋怨自己的命运不好,一辈子都是农夫,被别人看不起,他感觉自己的地位很卑微。

有一天,他弓着腰在院子里清除杂草,因为天气很热,所以脸上不停地冒汗,汗珠一滴一滴地流了下来。

"可恶的杂草,假如没有这些杂草,我的院子一定很漂亮,为什么这些讨厌的杂草,要来破坏我的院子呢?"农夫嘀咕着。

有一棵刚被拔起的小草,正躺在院子里,它回答农夫说:

"你说我们可恶,也许你从来就没有想到过,我们也是很有用的。现在,请你听我说一句吧,我们把根伸进土中,等于是在耕耘泥土,当你把我们拔掉时,泥土就已经是松软过的了。

"下雨时,我们防止泥土被雨水冲掉;在干涸的时候,我们阻止强风刮起沙土;我们是替你守卫院子的卫兵,如果没有我们,你根本就不可能享受赏花的乐趣,因为雨水会冲走泥土,狂风会刮走种花的泥土……你在看到花儿盛开之时,能不能记起我们杂草的好处呢？"

小草并没有因为自己的渺小而自卑，农夫不禁对小草肃然起敬。

很多时候，你怎样看待自己，决定了别人怎样对待你。如果你内心充满自卑，那么你在别人心底就变得非常渺小；如果你肯定自己存在的重要价值，告诉自己"我很重要"，你在别人的眼里也会变得高大。

不得不说，在充满机遇的社会中，虽然人与人出生的背景不同，后天的机遇、才学等也存在差异，但掌控命运的权力都在自己的手中。贫穷与富有、非凡和平庸，也都是自己选择的结果。

一位父亲带着儿子参观梵·高故居，在看过那张小木床及裂了口的皮鞋之后，儿子问父亲："梵·高不是位百万富翁吗？"父亲回答："梵·高是位连妻子都没娶上的穷人。"第二年，这位父亲带儿子去丹麦，在安徒生的故居前，儿子又困惑地问："爸爸，安徒生不是生活在皇宫里吗？"父亲回答："安徒生是位鞋匠的儿子，他就生活在这栋阁楼里。"

这位父亲是一个水手，他每年往来于大西洋的各个港口，他的儿子叫伊尔·布拉格，日后成为美国历史上第一位获普利策奖的黑人记者。20年后,伊尔在回忆童年时说:"那时我们家很穷,父母都靠苦力为生。有很长一段时间,我一直认为像我们这样地位卑微的黑人是不可能有什么出息的,好在父亲让我认识了梵·高和安徒生。这两个人告诉我,上帝没有轻看卑微。"

即使你出身卑微、家境贫穷,这些外在环境也不会妨碍你取得超乎常人的成就。只要你坦然面对自己的身份,心中始终坚持自己高远的目标并努力走下去,一定会使自己的人生充满辉煌的色彩。

在一座新建成的孤儿院里有个小男孩,他经常抱怨自己是个没人要的孩子,没有人关爱,所以很自卑。院长听了,当时没说什么,后来给了他一块大石头,让他拿到市场上卖,但有个要求,就是不管别人出多少钱,都不能卖出去。第二天,小男孩按照院长的吩咐到市场上出售这块石头,有人注意到他,开始出价,但是无论对方出多少钱,小男孩就是不卖,人们更感兴趣了,好奇这是什么石头,为什么一直不卖呢?价格越来越高,小男孩始终没卖,晚上把石头又带回了孤儿院。

院长说:"明天你把石头拿到黄金市场上去卖,就一个要求,还是不要卖出去。"第二天,小男孩把石头带到了黄金市场售卖,人们既奇怪又感兴趣,认为一块石头敢在黄金市场上叫卖,价值肯定不一般,于是竞相出高价,大大超过了黄金的价格。但和昨天相同,无论多高的价格,小男孩就是不卖,又把石头带回了孤儿院。

院长说:"明天你把石头拿到珠宝市场上去卖,和前两次一样,还是不要卖出去。"这回人们更好奇了,一块石头竟然在珠宝市场上售卖,而且小男孩始终不接受任何出价,肯定是稀世珍宝,于是大家又争先恐后地抬高价格,希望得到这块石头。但是无论多少钱,小男孩就是没有卖这块石头,又带回了孤儿院。

小男孩好奇地问院长这是为什么,院长说:"生命的价值就像这块石头一样,在不同的环境显示不同的意义和价值,你越珍惜它,它的价值就越高。换言之,如果你看得起自己,努力让自己处于更好的环境中并不断成长,那么你的人生价值就会增高。"

自我肯定是自信、勇敢的表现,是发现自我价值、激发自身潜能、改变人生轨迹的必由之路。只有敢于肯定自己、正视自己、提升自己的人,才有可能成为强者,才能拥有强大的野心和抱负,推动自己成就一番大业。

总之，我们要明白，一个人的出身是无法选择的，但我们应该明白看低自己、缺乏信心是前进路上的绊脚石，唯有肯定自己，奋发努力，才能改变命运的轨迹。

只有自我认同，才能建立勇气和自信

心理学家认为，每一个人都需要自我认同感，自我认同是戒除心理依赖、成熟独立的前提。但在现实生活中，很多人因为各种各样的原因，尤其是在家庭中，父母从小给他们贴上了"弱者"的标签，不断强调他们的缺点，对他们大加指责等，让他们产生了"无用感"和"自我否定感"。长期在这种心理状态笼罩下成长，怎会有勇气和自信？

如果一个人幼年时在家里一直被忽视，那么，当他与其他人打交道时，就会尤其渴望得到赞赏与认同，为了达到这一目的，他们会采取很多方法，却常常事与愿违。另外，不少人到了青少年阶段，自我认同感的缺失尤为严重，也许他们曾经在学校或者低年级时是好学生，被老师和同学喜欢，总是表现很出色，但是后来换了一个学校或者升入高年级，进入了一个新的环境，就没能表现得和从前一样优秀，因为这样的变化让他们无法适应。其实，他们忽略的是，他们自身并没有变化，只是环境变了，新的环境并没有让他们和从前一样展现出自己的优势，而这让他们很沮丧。

有一个女孩，她的父母一直希望生的是一个男孩，所以不怎么关注她，这直接影响了她的人生态度。偶尔，她也能从父母的谈话中听到父母对她的看法："这孩子一点都不讨人喜欢，要是个男孩就好了。"有一次，她的母亲收到了一个朋友寄来的信，信中说道："你可以趁着年轻再生一个。"这个女孩看到信时受到了极大的打击。

后来，女孩在长期的家庭压力下患上了焦虑症，不敢一个人出门。一旦不被别人赞赏和关注，她就会极度沮丧，产生自暴自弃的念头。为了赢得父母的重视，她经常用病痛折磨自己，甚至尝试自杀，这让父母很痛苦。

这个女孩没有办法与自己的处境和解，她认为"不被关注"这件事实在太严重了，甚至过分夸大了这个问题。

可见，任何人在成长的过程中都需要关注，都需要被认可和鼓励。那么，我们自身该如何寻找自我认同感，然后逐步建立起勇气和自信呢？

1.喜欢自己

这是最基础的，只有先获得身份的认同，才能以自己的身份生存、生活，与人交往，从而赢得一种自我价值的肯定。如果你不喜欢自己，甚至对生活造成了困扰，就一定要及时寻求父母和专业人士的帮助。

2.多结交朋友,赢得友谊

朋友们认可你,为你带来归属感,告诉你你是个讨人喜欢的人,你从中获得快乐,你的身份认同感就建立了。此时,你会想:"和这样的人做朋友,我就是像他们一样的人。"所以说,友谊的获得,对身份认同、建立自信、培养社交能力及给你带来安全感,都是非常重要的。

3.你不需要让所有的人都满意

大多数人都有这样的经历:上学的时候,父母总是指着隔壁的孩子说:"瞧瞧人家,成绩多优秀,你得向他看齐。"大学毕业了,父母长辈都说:"还是当个老师,或者考个公务员,这才是铁碗饭,其他的都不是什么正当的工作。"工作的时候,上司总是告诉你这样不对,那样不对。我们生活似乎都是在让其他人都满意,而从来没有让自己满意过。事实上,我们要懂得这样一个道理:你不需要讨好所有的人,自己喜欢才是最重要的。

4.做自己喜欢的事

生活中,什么是快乐?其实,快乐很简单,就是做自己喜欢的事情,如果我们太在意别人的眼光,在这个过程中就会不自觉地将自己当成焦点,那只会让自己身心疲惫。因此,学会做自己喜欢的事情,享受自己生活的世界,没人会否认你的选择。

5.给自己积极暗示

自信源于成功的暗示,恐惧源于失败的暗示。积极的暗示一旦形成,就如同风帆会助你成功;相反,消极的心理暗示一旦形成,又不能及时消除,就会影响一生的成功。

总之,任何人都难免会出现一些负面消极心态,此时要学会及时排解,这样,你才能成为一个勇敢、积极的人。

有自己的想法，才有精彩的人生

从呱呱坠地开始，每个人不断地成长。从稚嫩的婴儿，到渐渐走向成熟，这需要经历漫长的过程。在此过程中，不但身体不断成长，人们的心智也要不断成熟。在这个过程中，我们的周围会出现这样那样的声音，给出各种指点和意见，这些人看起来很了解我们，其实很陌生，但我们需要记住的是，你的人生是自己的，只有你自己才真正地了解自己，所以，别人认为你是哪一种人并不重要，重要的是自我肯定；别人如何打败你并不是重点，重点在于你有没有输给了自己！唯有时刻坚信自己，才能战胜灵魂深处的所有弱点，始终处于不败之地。

然而，在现实生活中，不少人因为不敢相信自己、缺乏自我认同感，不敢提出自己的意见，因为与众不同意味着可能被否定，所以他们习惯了收起自己的想法，选择相信和依赖他人，习惯了活在他人的光环下，试想。这样的人怎么会有精彩的人生呢？

苏格拉底是著名的哲学家，一天，他上课时拿出一个苹果，对台下的学生说："请大家闻一闻空气中的味道！"

一位学生举手回答："老师，是苹果的气味！"

苏格拉底听完后，缓缓走下讲台，举着苹果从每个学生面前经过，并重复道："大家再仔细闻一闻，空气中有没有苹果的香味？"这时已有半数的学生举起了手。

苏格拉底回到讲台上，又重复了刚才的问题。这一次，除了一名学生没有举手外，其他人全都举起了手。

苏格拉底走到这名学生面前，问："你真的什么气味也没有闻到吗？"那个学生肯定地回答："我真的什么也没有闻到！"

这时，苏格拉底对大家宣布："同学们，他是对的，因为这是一个假苹果。"

从这个故事中，我们了解到，你不必过于在意别人的看法。许多事例证明，别人给予你的意见和评价，往往不是正确的。

的确，日常生活中，可能我们都有这样的感触，对那些大家都认同的事物和看法，我们通常会本能地接受，因为这样能省略思考的过程。但其实，任何事物的本质都可能隐藏于表象背后，这需要我们运用自己的思维去理解和分析，一味地从众，不但会让你成为一个无趣的人，还会让你错失正确的答案。

人都是独立的个体,对事物应该有一个主观的看法和评价,一味顺从别人的看法,你将找不到属于自己的路。然而,我们的生活中有这样一些人,他们已经习惯了听从他人的意见,甚至缺乏判断力和选择的能力,这样的人又怎么可能获得别人的尊重,又怎么可能独当一面呢?

所以,我们要学会独立思考,别人云亦云。

为此,我们需要注意以下几点:

1.采用稳健的决策方式

有时候,你的大脑可能会陷入哪个好哪个坏的争论之中,事实上没有这个必要,只要没有明确的二者择一的必要,就不必太早决策。

2.不要总是依赖他人

习惯于依赖他人的人,才会把听从他人的意见当成一种习惯。因此,要树立并强化自我意识,就需要我们首先破除这种不良习惯。你可以记录一下自己的行为中,哪些是习惯性地依赖别人去做的,哪些是自己决定的。可以每天记录,记满一个星期,然后将这些事分为自主意识强、中等、较差三类,每周一小结。

3.要养成独立思考的习惯

不能独立思考,总是人云亦云,缺乏主见的人,是不可能做出正确决策的。如果不能有效运用自己的独立思考能力，随时随地因为别人的观点而否定自己的计划，很容易使自己的决策出现失误。

4.要增强自控能力

对自主意识强的事件，以后遇到同类事件应坚持做；对自主意识中等的事件，应提出改进方法，并在以后的行动中逐步实施；对自主意识较差的事件，可以通过提高自我控制能力来提高自主意识。

5.不要总是试图抓住一切

过高的目标不仅无法起到指示方向的作用，反而可能由于目标定得过高，带来一定的心理压力，束缚决策水平的正常发挥。事实上，在多数环境中，如果没有良好的决策水平作为支撑，一味地追求最高利益，势必处处碰壁。

6.不要害怕工作中的缺点和失误

成就总是要经历风险和失误的自然过程才能获得。懂得这一事实，不仅能确保自己的心理平衡，而且能使你更快地向成功的目标挺进。

7.不要对他人抱有过高期望

不听从他人，但也不能对他人百般挑剔。要知道，希望别人的语言和行动都符合自己的心愿，投自己所好，是不可能的。

活着就必须要活出自我，就要学会支配自己的大脑，就要有自己的主张，这样才能维持一个人的格调。总之，我们一定要有自己的想法，要有自己的原则，当你自己认为自己的观点是正确的时候，没必要为了讨好而迎合别人，也没必要因为害怕得罪人而对别人的要求来者不拒。

刺猬法则

率真自然，大胆地说出内心的感受

对那些习惯于依赖他人、活在他人意见下的人来说，他们习惯了从众，通常会压制自己的看法而选择认同他人，认为这样能留给他人完美的印象。而实际上，从心理学角度来讲，虽然所有人都喜欢听好话，但没有人愿意听假话。事实证明，现实生活中，人们更愿意与那些做人做事光明磊落、真性情的人交往。而对那些苛求完美，从不显露自己的脾气、秉性的人，人们则敬而远之。因此，哪怕你选择委曲求全、附和他人，而在他人看来，你依然不够真诚，所以无论从哪个角度看，我们都没必要压抑自己的想法，有想法就要大胆表达。

小刘是广告公司的一名职员，这家广告公司在业界享有盛誉。其实，当初小刘和众多职场新人一起挤破了脑袋才进了这家公司，并不是因为薪水高，而是她觉得自己需要磨炼，需要在一个地方增长自己的能力，而这家实力雄厚的公司成了她的首选。

但实际上，和任何员工一样，小刘对高薪水也是充满向往的。她知道，每个人的薪水都是不同的，她是一名刚走出校门的学生，又没有工作经验，在公司的薪水自然是最低的。但小刘相信，总有一天她会一点点提高自己的薪水，于是，她一直埋头工作，从未显示出自己的对薪水的不满。

有一天，当她正在食堂和同事们一起吃饭的时候，一个五十岁左右的老人端着饭坐在了小刘的旁边，小刘觉得奇怪，她没有见过这个老人。

老人主动找小刘说话："小姑娘，在这上班没多久吧，习惯吗？"

一看老人这么和蔼，小刘也不好拒绝，就聊了起来："挺好的，同事之间也都相处得很好。只是……"

"只是什么？"老人好奇地问。

"工资太低了，都不够我一个月的生活费！"小刘见老人是个陌生人，领导又不在，也就脱口而出了。

"是吗？"

"是啊，不过其实也没什么，大家的标准都是一样的，我目前还没有资历拿高工资，因为在这里，都是为工作而来的。我们不能一味地为工资而工作，而是要为了提升自己的能力，提升工作的质量。"小刘侃侃而谈。

老人听完笑了笑。等老人走后，有个主管跑过来对她说，那个老人是集团的董事长。小刘觉得自己惹麻烦了，急得像热锅上的蚂蚁，但是急也没用了，只能等待"处分"的来临。

但奇怪的是，小刘并没有收到解雇的通知，反而第二天，经理召开了会议，公司大大小小的员工都参加了。会上，小刘又看见了那个老人，老人说："直到昨天，我才知道，原来这些年公司员工的薪资水准还停留在五年前，这明显是不合理的嘛，怎么一直没人跟我说？幸亏昨天有个年轻人跟我说了这些。"小刘当时很害怕，以为董事长要在会上当面批评自己，原来是夸奖自己，后来，董事长宣布以后工资水准要提升，就这样，小刘成了公司的大功臣。

故事中的新员工小刘可以说是歪打正着，本来在公司谈薪水是很忌讳的事，但她一番真诚的话却让自己涨了工资，还成为同事眼中的"功臣"。我们发现，虽然小刘讲的是一些脱口而出的话，并未进行深入思考，却深得人心，领导听了也能欣慰地接受。

另外，在幸福面前，无论性别，我们每个人都应该大胆点、勇敢点，说出内心的感受，只有这样才不会留下遗憾。

小徐和英子是一对人人羡慕的情侣，谈起他们的相识和相爱，还有一段曲折的故事。

小徐当时在北京的一家公司上班。英子正是因为面试才认识的小徐，虽然面试没有成功，却和小徐成了好朋友。你来我往间，情愫渐生。

英子毕业后，小徐已经不在北京上班了，而此时的英子也没有在北京找工作的打算，后来，通过联系才得知，小徐去了老家的一家公司，于是，英子头脑一热，也回去了，见面成了自然而然的事情。

第一次正式约会那天，天气非常热，英子的方位感很差，直到上完大学，仍然只知道左右而不了解东南西北，通着电话，却找不到对方。在相约见面的地方徘徊了1小时后，终于顺利见面。此时英子已经晕头转向、气急攻心而且有严重的中暑症状，见到小徐后，也不管是不是第一次约会，也顾不得什么矜持不矜持了，她对小徐说："我快休克了，英雄的肩膀能不能先借我用一下。"小徐先是愣了一下，然后扶着英子走进一家快餐店解暑。

从此以后，他们开始了幸福的生活。过了很长时间，小徐很纳闷地问英子为什么第一次见面就借肩膀。英子告诉他："当你距离我150米的时候，我已经快晕倒了，那会儿看的武侠小说比较多，所以就顺口说出来了，幸亏你没有被我吓跑。"

这个故事中，我们发现，英子就是一个大胆、主动追求爱情的女孩，毕业以后的她，为了自己的爱人，主动来到小徐生活的城市,并且在约会时,她也是大大咧咧,直接表达了自己的感受。她一番幽默的话体现了她的大方,让她赢得了爱情。

总之,你应该明白,每个人在生活中都有自己的位置,每个人都扮演着不同的角色。我们在别人的世界里也许只是龙套,而在自己的世界里,我们是主角,有什么说什么,我们才能活出真正的自己。

不允许细节上的不完美，是你焦虑的来源之一

在工作中，相信我们不少人都被领导和上级告诫过，工作一定要认真、努力，这会使你更加完美，不断进步。我们鼓励认真的态度，是为了提升能力，完善自我。然而，我们却发现，身处职场，一些人对自己太过苛刻，无论做什么事，都要求自己做到百分之百，不允许犯一点小错，不允许有一点瑕疵，结果常常搞得身心疲惫不堪，甚至出现焦虑症状。其实，无论什么事都不可能完美，凡事努力就好，无须尽善尽美。

在我们的周围有这样一些人，他们对自己的定位过高，在他们看来，没把事情做得完美，还不如不做，他们从不允许自己失败，一旦某项工作没做到位，他们便茶不思饭不想、神情恍惚，其实这都是焦虑的表现。他们通常比那些执行力强的人少了些灵活性，一旦被坏情绪缠绕，他们便失去工作动力和热情。

朱莉是一家贸易公司的主管，已经35岁的她每天忙得焦头烂额，就如她说的，"连恋爱和结婚的时间都没有"。她所在

的公司虽然不大，但每天需要处理的事情很多，最要命的是朱莉是一个什么事情都要管的人，大到公司的业务订单，小到快递的电话都要接，然而，即便如此，她还总是觉得自己做得不到位。

一次，公司的一名国外客户前来商讨业务事宜，朱莉原本让公司小王去应酬，但想想还是得自己亲自去。谁知朱莉完全不会喝酒，经不起客户的几句劝就醉了，然后说了些抱怨工作累、薪水低的话。

第二天清醒后，她懊恼不已，认为这样不仅有损于公司的形象，也可能会传到经理的耳朵里，因为当时小王也在场。为这事，她接连几天茶不思饭不想、一天到晚迷迷糊糊，工作状态很糟糕。

这天下班，朱莉在电梯居然遇到了小王，窘迫难堪的她还是问候了下属："累吧，回家多休息。"

"没有主管累，那天多亏你，不然我肯定连家都回不了了。"

"那天你也喝醉了吗？"朱莉问。

"是啊……"小王不住地表达着感谢。朱莉这才明白，原来她担心的事根本不存在。

案例中的朱莉就是个在工作中苛求自己的人，因为担心自己酒后失言可能给自己带来不好的后果，总是烦躁不安，影响了工作，而事实证明，她的担心是多余的。

我们周围就是有这样一些人，他们在工作中对自己十分苛刻，总认为事情做得不到位。他们太过专注于小事而忽视全局，这主要是性格上的原因，他们对自己要求过于严格，同时又有些墨守成规。通常情况下，他们过于认真、拘谨，缺少灵活性，结果比其他人活得更累，更缺乏一种随遇而安的心态。

并且，这类人表面上看起来十分完美，却没什么朋友，人们也不愿意与之交往，就是因为他们用完美给自己树立了一个好的形象，反而让人们敬而远之。因此，你可以明白的一点是，接纳不完美，凡事都不要逼自己，允许自己做不到一百分，你会发现，你才会活得轻松。

可以说，一个人对自己有高标准的要求是有益处的，它能使我们在正确的轨道上行走。然而，凡事都有度，过度就会适得其反。对自己要求太高，很容易让一个人对自己变得苛刻，陷入极端状态，比如，当犯了一点错误时，他便会悔恨不已，甚至会妄自菲薄，贬低自己；那些自控力太强的人时刻会警惕自己的行为是否得当，就比那些凡事淡定的人活得更累。

人们常说，什么事情都会有个度，追求完美超过了度，心里就有可能系上解不开的疙瘩。我们常说的心理疾病，往往就是这样不知不觉出现的。对自己的错误不依不饶的人，总是不想让人看到他们有任何瑕疵，给人的感觉是看似开朗热情，其实疲惫不堪。

德国大文学家歌德曾说："谁若游戏人生，他就一事无成，谁不能主宰自己，就永远是一个奴隶。"就一般人而言，对自己没有高标准的要求，缺乏自控能力，一般不容易实现自己既定的人生目标，难以获得家庭的幸福和事业上的成功，情绪容易受外来因素的干扰，使行为与人生目标反向而行。而对自己不必苛刻，否则会产生反作用。

因此，在工作中，如果你失败了，或者事情没有做到位，请原谅自己。因为再美的钻石也有瑕疵，再纯的黄金也有不足，世间的万物没有绝对纯净且完美无瑕的。同样，我们在做事的过程中，也不可能达到完美的境地，因此，我们有必要放下对事物不切实际的要求，更不要苛求自己，以免陷入焦虑之中。

第六章

保持适当距离,职场言行不可随心所欲

做人要低调,做事要高调

现代社会虽然提倡自信,自我推销,但是推销也要讲求方法,如果做人太过高调,不注意自己的言行,很容易使自己的内心失去平衡,使自己沉溺于自我膨胀之中,并在工作当中得罪人,所以做人要低调。而在做事方面就要讲求相反的策略,必须高调做事。如果做事不让他人知道,太过低调的话,内心同样也不会平衡,难免会使自己因得不到重视而自伤自怜,甚至你的老板会误认为你是个无能之辈,这样就适得其反了。

只有低调做人、高调做事两方面平衡了,你才能稳稳地迈向成功之路。新加坡总理夫人何晶就是一个很好的例证。

何晶是新加坡总理李显龙的夫人,也是位精明能干的商业女强人,但她始终保持低调,尤其不愿被媒体曝光因此她的身世和成就在新加坡鲜为人知。随着丈夫正式宣誓就职,何晶才不得不开始在媒体面前"曝光"。其实,在美国《财富》杂志首次列出的亚洲25位最具影响力的企业家排行榜上,何晶排名第18位,与各大国际企业总裁齐名,只是当时没有多少人将她与李显龙联系在一起。

作为新加坡的第一夫人，何晶喜欢舒适、朴素的装扮，曾在美国接受电子工程教育的她，更把自己当作一位出色的学者。

当记者问她为什么这么低调时，何晶这样说："坦诚而平淡地生活，没有人会把你看成是卑微、怯懦和无能的。如果一心只想着显示自己，随时有从天空掉下来的可能。"

做人低调，不代表卑微；做人低调，往往更能显出你的高贵。身居要职而低调的人，有一种大隐隐于市的大家风范。事例中的何晶就是一个很好的例子，她虽贵为新加坡第一夫人，却低调做人，喜好过平淡的日子，相反的是，在自己的工作领域，她却能够高调做事，而且很有成就，成为亚洲极具影响力的企业家。低调不仅是一种自我保护的方式，更是一种为人处世的智慧和艺术。低调是一种境界，是一种海纳百川的胸襟，一种圆熟睿智的情怀。与此同时，高调做事一定会让人有所成就。兼顾低调做人与高调做事两方面，人们的工作和内心也就平衡了，也就踏上了成功的坦途。

一个人要想有所成就，首先要对自己有一个客观而清醒的认识，也就是低调做人。如果过分把自己当回事儿，掂不清自己的分量，就会自我膨胀——高调做人。这种自我膨胀，会让人变得轻飘飘的，没了踏踏实实的分量；这种自我膨胀，会让人内心失衡，只想着往上飞，却全然不知道，失衡的内心就如同不断膨胀的气球一样，随时都有爆破的危险。因此，要对自己有一个客观的评价，把自己放低一些，不要让自己锋芒毕露。让我们记住诗人鲁藜的那句话："把自己当作泥土吧！老是把自己当作珍珠，就时时有被埋没的痛苦。把自己当作泥土吧！让众人把你踩成路。"

做人要低调，但是做事就不能继续沿用这种方法了，如果做事也太低调，那么怎样才能把事情做好，又怎样让他人知道呢？做事高调是为了把事情做好并让他人有所了解，得到他人的认可，我们的工作才有意义和价值。

工作中，要想让自己的职位一步步升高，请不要忘记是低调让你更会做人，是高调让你更会做事。低调做人、高调做事是一种人生的智慧，秉持着这一人生智慧的人，既尊重自己，也尊重他人；既能处高，也能处低；既能够妥善地对待世间的人和事，也能够保持内心的平衡。这是人生的另一注解。

做好自己的本职工作，别来者不拒

职场中，经常有这样的情况发生：自己的工作已经够忙了，可总是不时有额外的工作干扰自己。这些不必要的工作给自己造成了很多麻烦，分散了工作精力。尤其是一些初入职场的人，有时会因为心软或碍于面子而无法拒绝他人，从而影响了自己本职工作的效率，累坏了身体。要知道，身在职场，并不是一直保持谦恭、唯唯诺诺，就可以赢得他人的认同。与同事相处，就像跳舞一样，需要有进有退，这样，舞才能跳得漂亮。所以，在这种情况下，要学会拒绝，无须所有事情都尽如人意，只有这样，内心才会平衡，并找到工作与其他事情的平衡点。

王雨是外贸公司的公关部助理，由于工作性质的原因，经常要和公司上上下下的人打交道。王雨本身是一个谨小慎微的人，他深知人际关系在大公司的重要性和人言可畏的道理，所以他处处留心，生怕得罪了同事或上司，生出什么枝节。他对每个人都是有求必应，笑脸相迎，从来没有对周围的人说过

"不"。他本以为自己的为人处世可以算得上是天衣无缝了，可不知为什么，他渐渐地成了办公室里最不受欢迎的人。为此，他感到疑惑和委屈，因为他认为自己没有做错任何事，而且由于自己有求必应，使自己无形当中做了许多额外的工作，占用了大量的时间。直到有一天，一位从前和他关系不错的同事告诉他原因，他才恍然大悟：正是他过度随和，才使人觉得他虚伪，不可信。

其实身处职场，大可不必为了博得所有人的欢心而为难自己，只要本着个人的原则，坦诚共事，就不失为一种明智之举。相反，若把自己引入一个人际关系的旋涡之中，非但你的业绩不会有所提高，就连能否在此久留都可能成为问题。事例中的王雨就是因为从不对他人说"不"，凡事都有求必应，最终不仅没能做好自己的本职工作，还因使他人产生不可信的感觉而恶化了自己的人际环境，这是多么令人遗憾啊！因此，在接受他人的拜托或上司的委派时，量力而行是极为重要的，给自己太多额外的压力，结果往往是找不到工作的平衡点，内心也常常失去平衡。记住，自己的本职工作永远是第一位的，把自己的本职任务做得漂亮才是成功的开始。

在人际心理学中有个非常重要的"互惠法则"，即他人对你好，你也会对他人好；而你对他人好，他人也不会对你太差。如果他人对你好，但你对他人不好，你就会觉得亏欠了他人，从而引起心理失衡。在这里，不妨将互惠法则反过来用。"互惠原则"正着用，是"投桃报李"；反着用就是"以牙还牙"。比如，你刚刚用"不"拒绝了对方的请求，那么此时，对方的心里一定非常难过。不过你可以立即请对方帮你一个他根本不可能会帮的忙，那么对方也会拒绝你。对方用你对待他的方式对待你，这样心里的不痛快也就不存在了，也就重新找到了平衡，把对方心理上因你的拒绝而产生的不痛快化为乌有。

例如，有个同事请你帮他完成一份报表。你说："哦，可能有点困难，因为我还有许多工作没有做完。不过很高兴你会找我帮忙。对了，下星期我出差，不在公司的时候，你能不能帮忙料理一下我的事务？"这时，你的同事只会对你说抱歉，并且找个借口，说明他为什么拒绝帮助你。

这是一种非常有效的，但不会让对方心里不舒服的拒绝方式。一方面，对方拒绝了你的请求，他会觉得非常尴尬，也就不好意思再硬要你去帮他什么，你采用这样的方式拒绝他之后，他很难再跟你争辩什么。另一方面，采用这种方式拒绝对方，不会导致对方心理失衡，从而引起敌意。再则，因为他也拒绝了你，也可以避免你自己陷入内疚的折磨之中。

身处职场，同事也有可能私底下请你帮忙，偶尔为之并非不可，毕竟谁都有可能遇到问题和难处，但是你要让对方清楚，你是卖他一个人情，不能养大他的胃口，该拒绝时，还是要明确地说"不"。当对方知道你的分寸、底线时，自然就不会再三要求了，也不会让你做他自己的事情，这样也就避免出现工作和心理的失衡情况。

　　职场中，那些不懂得说"不"的人，常常会被很多无谓的人和事所累，从而难以做好本职工作，而贸然说出"不"又有可能为自己引来不必要的争端，这两者都很容易使内心和工作失去平衡。因此，如果不是不可推脱的事情，就不要接受他人推给你的任何问题或责任，如果你接受所有找上门的问题，你自己本职的工作将很难顺利展开，而这样也很难在职场中生存。

自我服务偏差:有功过时都要正确归因

宋朝有个叫张商英的丞相,他非常喜欢书法,尤其是草书,没事的时候就提笔龙飞凤舞一番。其实他的书法一般,可他对自己的作品怎么看怎么喜欢,常常拿出来向人炫耀。官职小的人就算是看着不好也不敢实说,官职比他高的,常常开玩笑说他写的草书是虫子乱爬。可他一点都不在意,想写的时候照写不误。

有一天,张丞相突然诗兴大发,提起笔来一阵疾书,满纸"龙飞蛇走",根本就看不清写的是什么。写完之后,张丞相摇头晃脑得意了好一阵,想把这些诗句呈给皇上看,于是就叫侄子把这些诗句抄下来。小侄子正准备抄,发现好多字都认不出来,没办法,只好放下笔去问个明白。

张丞相拿起自己写的诗句,左看看右看看,自己也辨别不出来了。张丞相有些下不了台,于是把侄子骂了一通:"你这个坏小子,怎么不早点来问呢?现在我也忘记自己写的是什么了!"

能够官居丞相的人，智商肯定不算低，但张商英却出现了这样强词夺理的低级错误，以至于让千百人嘲笑。在心理学上，他的意识中出现了"自我服务偏差"的现象。

所谓自我服务偏差，是指人们过度强调自己对成功的贡献，尽量缩小自己对失败的责任，不能客观地评价自己。一个人若总是将一切功劳都归于自己，不愿为自己造成的失败承担责任，就很难对自己做出一个客观的评价。

心理学家韦纳经过研究认为，自我服务偏差是人类个体在长期的行为过程中形成的比较稳定的归因倾向性。归因可分为内归因和外归因，以及稳定性归因和非稳定性归因。

内归因是行为者的内在原因，如人格、情绪和意志等。外归因是环境因素，如工作设施、工作难度和机遇等。人们总是有倾向性地内归因或外归因，如果自己业绩较好，拿的薪水多，一般都认为是自己努力的结果，这就是内归因；如果别人拿的薪水比自己多，就认为他是凭关系进来的，偶尔做得好而已，这就是外归因。

稳定性归因是导致行为相对不变的因素，跟个人气质、性格有关。比如，一个人比较争强好胜，那么他就容易在竞争中胜出，获得较好的成绩；一个人优柔寡断，那么他做起事来就会犹豫不决，错失许多好机会。不稳定性归因相对来说是容易发生改变的因素，如外在的环境、机遇和气候等就属于易变性因素。

这种"自我服务偏差"的心理会直接导致人在犯错时将过错归于别人，在获得成绩时全归结于自己。像故事中的张丞相，为自己的作品得意之时是内归因，而后来认不出自己写的是什么字时，就把过错推到侄子身上，是外归因。

生活中的许多事都取决于个人的努力程度，在挫折面前坚持不懈才能达到目标。我们可以把成功归结于自己的能力和努力，并保持乐观而积极的态度，继续前进。

如果把一切都归结成外部不可控制因素的话，我们就会以为生活中的所有事都不是自己能控制和掌握的，以为是偶然和机遇决定了现在的生活状态，即使自己再努力也改变不了现状。这样，不但失去了信心，还会对未来感到悲观、焦虑，对生活也没了兴趣。一旦遇到困难，就会将一切推给外界，从不积极主动地寻找解决办法，一味等待外界的援助和机遇的降临。

由此可见，产生自我服务偏差的人很难得到提高，他们总认为自己是对的，否定别人的作用。盲目的自信很难得到别人认可，给人一种妄自尊大的感觉。这种心理不仅会导致在人际交往中出问题，更会影响自我决策和判断的准确性。

我们要学会正确认识自己，勇敢承担责任，面对问题不要光动嘴指责而不动手解决，既不要推卸自己身上的责任，也不要忽略外界环境的影响；取得成绩时，不必一味去邀功领赏，把自己的功绩吹到天上去，而应该学会感激周围帮助过自己的人，看到别人为自己做的一切。在这个世界上，再强大的人也不可能一个人成功，谁都需要别人的帮助。只有克服了自我服务偏差的心理，才能在成功的道路上走得更稳健！

家庭的幸福同样受自我服务偏差的影响。夫妻吵架的时候，总强调责任在对方身上，而如果婚姻幸福，就会认为这是自己努力的结果。其实，面对一些小错误，应该学会大事化小，小事化了，尽量把对方往好处想，不要动辄大惊小怪，指责对方的不是。幸福与不幸福，一切都取决于你的思维方式，取决于你能否感受到幸福。

帮助并非理所当然，常怀感激之情

在日常生活中，很多人常听到爸妈抱怨孩子不懂事，孩子抱怨爸妈太啰嗦，男生抱怨女生不懂温柔，女生抱怨男生过于霸道；在工作中，也常有上司抱怨下属工作不认真，下属抱怨上司不体谅。其实，这主要是因为他们对生活缺少了一份感激之情，总是抱怨自己的不如意，而没有留意那些值得纪念的幸福时光。抱怨越来越多，当感激之情越来越远，你的生活慢慢地就会变得越来越令人烦躁。

谭香是公司里的一个小职员，年轻漂亮，但是工作经验很少，很多事情都要向同一个办公室的琳琳姐请教。那位琳琳姐是个热心肠，每次谭香有问题向她请教，她就非常积极地提出建议。谭香习惯了她的帮助，有时候竟然忘了说句谢谢。后来，琳琳姐生病住院了，医生说需要休养半年才行。

琳琳姐不来上班了，谭香心里空荡荡的，好像少了一些什么，却又说不出来。但是，每当遇到问题的时候，谭香都觉得有琳琳姐在实在是太好了，什么问题都可以向她请教。有一次，谭香实在不知道怎么处理一种货单，想去问别的办公室的人，又不好意思，自己研究了一上午也不知道怎么办，最后鼓足勇气请教别的办公室里的人，解开了迷津，谭香对人家千恩万谢，也意识到自己真的应该感激琳琳姐那么无私地帮助自己，也真该庆幸有这样一位好同事。

半年之后，琳琳姐终于回来了，谭香高兴地给了她一个大大的拥抱。谭香非常珍惜和琳琳姐相处的日子，什么活都抢着干，遇到问题两人一起解决。就这样，两人同心协力，把所有的事情处理得井井有条。琳琳姐觉得和谭香在一起非常开心，工作中一点烦恼也没有，身体也健康了。

很多时候，我们会把别人对自己的好心帮助视为理所当然，朋友乐于与我们交往，一些小事情，当然帮得十分乐意。但是，谁都不愿看到自己的好心得不到好报，一次两次也许还可以忍受，但渐渐地就会耗光朋友的交情。那时候，朋友似乎不再那么乐意助人了。所以说，我们不要把对方的帮助看作应该的，没有谁应该对谁好，如果你身边有一位乐于助人的人，请一定要善待他。

人们在生活中心存感激，是一种生活态度，是一种对未来，对社会发展充满希望的心态，也是人的一种处世性格。能做到这一点，就会少很多的烦恼和不满，也就少了很多的迷茫，永远对生活心存感激，让自己的生活永远充满快乐和幸福。

相反，如果不懂感恩，你就会马上陷入一种糟糕的境地，对许多客观存在的现象日益挑剔甚至不满。如果你的头脑被那些令你不满的现象所占据，你就会失去平和、宁静的心态。久而久之，你就会变得越来越消极，心情也会越来越杂乱。

心存感恩，你才能挖掘更多的美，更懂欣赏美。人生不如意之事有很多，如果我们能摒弃其间的不快，用一颗感恩的心去发现生活中美好的一面，那么，即便身处荆棘，你也能活得快乐、幸福。当我们怀着感恩的心开始一天的生活，这一天将不再乏味枯燥，而成为令人激动的创造和奉献。

1.知恩图报

羔羊跪乳，乌鸦反哺，动物尚且"知恩图报"，人在接受了别人的帮助以后更应该懂得感恩，这也是一个有良知的人应有的举动。俗话说："受人滴水之恩，当以涌泉相报。"对父母的养育之恩、朋友的帮助、兄弟的关心，乃至于大自然所给予的一切，我们都应该心怀感激之情。

2.送点礼物给对方

也许你不知道用什么方式表达自己的感激，你可以请吃顿饭、送对方点小礼物，虽然只是一种形式，却也表达了你的心意，对方也能感受到，知道你是在乎他的。大家应该牢记一句话：点滴之恩当涌泉相报，用人格魅力感染身边的人，你才会更加受人喜欢。

3.换个角度看问题

如果你觉得这样的生活辜负了自己，这时不妨尝试换个角度，在痛不欲生前，给生活一个微笑，这不容易做到，但过去并不总是预言着将来，幸福也并不总是虚无缥缈，生活也许听过我们之前的每一句牢骚，但它还没有看到我们今天的表现，不是吗？

当一个人施舍或帮助另外一个人的时候，是一种付出，是一种不求回报的奉献。真心付出的人，很少会考虑今后要讨回曾经的付出。在付出的时候，他们在内心已经收获了给予的快乐。施予与接受不是借贷关系，是一种传递关系：在给予中传递爱心，在回报中感受幸福。

职场说话，千万不可信口开河

交际的过程中一定要注意自己说话的方式、分寸，千万不要信口开河。很多话，或许是自己不经意间流露的，但传到对方的耳朵里，却发生了变化。正所谓"说者无心，听者有意"。因此，交际的过程中，一定要学会给自己的嘴巴安排一个"哨兵"，否则情况就会很糟糕，甚至给自己招来杀身之祸。

《史记》中记载，平原君赵胜的邻居是一个瘸子。一天，平原君的小妾正站在临街的阁楼上，恰巧瘸子一瘸一拐地到井台去打水。平原君的小妾正闲来无事，看到井台上打水的瘸子觉得非常好笑，于是就大声讥笑了一番。

小妾的话大大地伤害了瘸子的自尊心，他感到自己简直就是受了奇耻大辱。于是他找到平原君，要求平原君杀了这个小妾，以示他尊重士子而鄙夷女色。平原君闻讯后犹豫不决，瘸子见状后说道："士可杀不可辱。我不过是有些残疾，就遭受你的小妾无端的讽刺、讥笑，倘若您不为我做主，士子们就会认为你重色而轻士，就会离你而去。"

平原君恍然醒悟，毅然下令处死了那个说话没有分寸的小妾，并亲自向瘸子道歉。

平原君的小妾正是因为说话没有分寸而招来了杀身之祸。古往今来，由于一言不慎引来杀身之祸的例子不胜枚举。可见，在社交场合，注意说话的分寸是件多么重要的事情。为了顺利地扩展自己的社交圈，让自己做一个受人欢迎的人，就必须时刻提醒自己，千万不要轻易地触犯别人，要避免由于自己一句不当的闲话而引起强烈的瀑布心理效应。古话说："言多必失。"在不了解别人的情况下，为了不冒犯到别人，千万不要妄下结论，一定要掌握说话的分寸和注意谈话的禁忌。

你一定会有这样的体会，在与人交往的过程中，一句不经意的话，明明你不是这个意思，对方却听出了这个意思。这样一来，误会就产生了，而且越描越黑，搞得你有口难辩，只好是听之任之。倘若对方是你非常熟知的朋友，或许过段时间就会谅解你的无心之过，但如果对方是你的上级、客户或同事，那么你不经意间一句无意的话，就很有可能让自己损失一笔生意，甚至丢掉一份工作，还会造成人际关系紧张。

一位新员工在午休的时间与大家聚在一起聊天，聊着聊着就聊到了张经理。张经理今年四十岁，但看起来比较老成。他非常介意别人提及他的年龄，因此，办公室的员工们从不在他面前谈论年龄的问题。

新员工初来乍到，为了跟领导套近乎，于是夸张经理看起来很年轻。张经理听后，饶有兴趣地问道："那你看我今年有多大？"

新员工胸有成竹地说："您也就刚五十岁吧。"张经理尴尬地笑了笑，一旁的同事们表情怪怪地摇了摇头。"那我猜的年龄跟您的实际年龄差几岁？""十岁。"张经理回答说。"啊？您看起来真的很年轻，说您六十岁了我还真不相信。"新员工兴奋地说道。

张经理拂袖而去，同事们面面相觑。

为了避免自己的一句闲话引起别人强烈的瀑布心理效应，在谈话之前，一定要处处小心，步步留神，在没有了解对方的性格、习惯、禁忌前，千万不要信口开河。那些容易引起对方误会、反感的话题，说出时一定要非常谨慎。

交流的初衷，是让对方了解自己，而非制造误会。说话不仅可以体现一个人的社交能力，还可以体现一个人的涵养。会说话的人，总是能为自己赢得好人缘，在复杂的人际关系中为自己铺出一条康庄大道。

温情管理，让下属看到你的关心和尊重

现代企业里，领导者就是通过调动他人工作积极性来完成工作的人，在企业中的位置就如同家长，而每一个员工就是家庭成员。一个家庭，只有做到"家和"，才能"万事兴"，同样，一个企业的发展，贵在人和。要人和，就离不开"暖意融融"的人文关怀。而作为企业的大家长，领导者只有正确把握好方式方法，坚持用真诚、平等、温暖的情怀去管理，才能让人感受到春天般的希望，才能使全"家"上下具有共同的奋斗目标和价值追求，对家有强烈的归属感和认同感，对组织有充分的信任感和依托感。如此这般，才能让人心情舒畅，保持春天般积极向上的心态，齐心协力干事创业，进而推动企业繁荣发展。

的确，在倡导实施以人为本、尊重和关心员工为管理决策的今天，以强制手段来管理员工，是不能打开员工心灵的，更不可能真正调动起员工的工作积极性。而领导者若也能使用温情去管理员工，让员工感受到你的亲和力，那么，员工的心会更贴近企业，更能增强对企业的凝聚力和向心力。

事实上，在中国古代，不少君主贤臣也早都认识到关心和尊重下属在团队管理中的重要性，以善于识人用人而出名的曾国藩就深谙这一点。

曾国藩告诉周围的朋友，希望他们能给自己多推荐人才，而在平时，他做的最多的一项工作就是发现和网罗人才。

曾国藩听说彭玉麟是贤德之士，但当时彭玉麟刚刚丧母，需要守孝，不肯出山。曾国藩三番五次写信请求他助自己一臂之力，希望他能为朝廷出一份力。后来，彭玉麟终于被他的情意打动，决定投奔他。

曾国藩认为，打动下属的方法，最重要的是推诚布公，而不是玩弄权术。诚心诚意地对待别人，就能渐渐地打动他人，让他人为我所用。即使不能让他们全心全意地为我效力，也必然不会有先亲近而后疏远的弊端。光用智谋和权术去笼络别人，即使是驾驭自己的好朋友，也是无法长久的。

同样，现代社会，凡是具有蓬勃生命力的企业，都有一套能让员工从内心自然接受的管理手段。在这一方面，松下公司的做法值得很多领导者效仿。

在松下，领导者处处关心员工，考虑职工利益，还给予职工工作的欢乐和精神上的安定感，与职工同甘共苦。

　　1930年初，世界经济不景气，日本经济大混乱，绝大多数厂家都在裁员，降低工资，减产自保，百姓失业严重，生活毫无保障。松下公司也受到了极大的伤害，销售额锐减，商品积压如山，资金周转不灵。这时，有管理人员提出要裁员，缩小业务规模。

　　这时，因病在家休养的松下幸之助并没有这样做，而是毅然决定采取与其他厂家完全不同的做法：工人一个不减，生产实行半日制，工资按全天支付。与此同时，他要求全体员工利用闲暇时间去推销库存商品。松下公司的这一做法赢得了全体员工的一致拥护，大家千方百计地推销商品，只用了不到3个月的时间就把积压商品推销一空，使公司顺利渡过了难关。

　　松下的经营史上，曾有几次危机，但松下幸之助在困难中依然坚守信念，不忘民众的经营思想大大增强了公司的凝聚力和抵御困难的能力，每次危机都在全体员工的奋力拼搏、共同努力下安全度过，松下幸之助也赢得了员工们的一致拥戴。

　　从松下的管理经验中，我们看到了温情管理为员工营造了一种和谐的工作氛围，让员工感受到了家的温馨，增进了企业内部的相互信任，增加了员工对公司的忠诚。

　　因此，现代企业的管理者们在对待员工时，要多点"人情味",实行温情管理。所谓温情管理,是指企业领导要尊重、关心和信任员工,以员工为本,多点"人情味",少点官架子,尽力解决员工工作、生活中的实际困难,使员工真正感受到领导者给予的温暖,从而激发他们工作的积极性。为此,我们要做到:

1.重视人的因素,尊重员工

企业领导者应该把员工当成企业的合作者,而不是制造利润、创造效益的工具,他们也应该受到尊重。

而尊重员工的多半体现在对员工需求的满足程度上。领导者有必要合理地设计和施行新的员工管理体制,并将这种尊重员工的观念落实在企业的制度、领导方式、员工的报酬等具体管理工作中。

2.经常与员工交流,聆听员工的心声

有些领导者作风强势,这对果断、迅速地解决问题是有帮助的,但另一方面也会使管理人员听不进去他人意见而一意孤行,最终导致决策失误。

在管理工作中,领导者能否倾听员工的心声,也关系到员工积极性能否被激发。可想而知,一个人的思想若出了问题,怎么能卓越地完成任务呢?因此,作为管理者,要经常与员工沟通,一旦发现问题,就应耐心地听取他们的心声,找出问题的症结,解决他的问题并耐心开导,才能有助于管理目标的实现。

3. 信守每一个对员工许下的诺言

作为领导者，可能你日理万机，也许你已经不记得曾经答应过某个员工某件事，或者你觉得这件事对你来说根本不重要，但员工会记住管理者答应他们的每一件事。身为领导者，你的一言一行都会对他人产生或轻或重的影响，如果许下了诺言，就应该对之负责；如果你不能实现这一诺言，那就必须要向员工解释清楚。如果没有或者不明确地表达变化的原因，员工会认为管理者食言，如果这种情况经常发生，员工就会失去对你的信任。

4. 给员工发表意见的机会

实际上，这也是领导者尊重员工的一种体现。你要把员工当成企业的一分子，在企业决策上，也应该征询他们的意见，倾听员工的疑问，并针对这些意见和疑问表明自己的看法，衡量什么是可以接受的，什么是不能接受的，为什么。如果你遇到了困难，那么，你应该告诉员工，你需要他的帮助。

5. 表彰奖励

这是对员工的工作态度、能力的一种肯定。奖励员工能激发更积极的工作热情。但需要注意的是，表彰奖励员工必须是公开的，否则很容易引起其他员工的猜忌，也不能起到它本身的效果。除了需要公开奖励标准，你的态度也应该是诚恳的，不要做得太过火，也不要巧言令色。奖励的时效也很重要，要多奖励刚刚发生的事情，而不是已经被遗忘的事情，否则会大大减弱奖励的影响力。

总之，要有效地调动员工的积极性和创造性，就必须综合发挥以上几个方面的作用，才能取得良好的效果。

尊重和关心下属和员工，能让员工在企业这个大家庭里感到工作上虽有压力，但更有动力、更有希望。虽有劳累，但不觉得心累，更充满工作的快乐感、幸福感和愉悦感。

恩威并用，上下级之间需要保持一定的距离

作为职场的一分子，上司也需要与人打交道，尤其是下属。毫无疑问，在维护领导者形象时，树立领导者威信作用重大。在与下属沟通的过程中，领导者不可随心所欲地交谈，不管是在什么场合，领导说出的话都要言之有物、言之成理。总的来说，上司要想获得下属的信服，就要做到恩威并用、宽严结合。因为领导与下属之间是一种权力等级差别的关系，只有恩威并用，才能维持这种关系，也才能树立在下属中的威信，从而获得信任和支持。

曾国藩是个知人善任的人，在其培养的清末大将中，有个叫刘铭传的人，此人出生于淮北，身上带有一股粗犷豪放的气质。在李鸿章的引荐下，曾国藩认识了刘铭传。

与刘铭传同期进入曾国藩幕府的人，还有个叫陈国瑞的人，他是湖北人，少年时便加入了太平军，后来投靠了蒙古王爷僧格林沁。曾国藩很快发现此人是难得的军事人才，有勇有谋、善于用兵。但刘铭传与陈国瑞在一起久了，就产生了矛

盾，在军营里，两人还发生过两次械斗，这让曾国藩很是苦恼。他一直在思考，希望能找到一个让二人和睦相处的方法。

曾国藩了解到，刘铭传也是个难得的将才，他所带领的军队装备先进，战斗力强，于是很快找到了一条"降服"刘铭传的方法。一次，刘铭传犯了错，曾国藩虽然对其进行了批评，却并未追究其过错，这让刘铭传心生敬畏而愿意追随曾国藩，也收敛了自己狂妄的个性。

而对陈国瑞，曾国藩了解到，此人是因为佩服僧格林沁才投靠他的，要想让其彻底降服，一定要用一些方法。

一次，陈国瑞违反了军纪。曾国藩先是义正词严地指出他的错误，灭掉他的嚣张气焰，然后趁机转移话题，开始夸赞陈国瑞身上的优点，当时，陈国瑞表现得十分服从，曾国藩满以为自己的目的达到了，但谁知道他本性难改，一回到营中，便将曾国藩说的话忘得一干二净了。曾国藩一看劝谏不起作用，就向朝廷请旨，要求撤去其职位。此时的陈国瑞才认识到，曾国藩这次是来真的了，赶忙求饶。

从这一故事中，我们发现曾国藩的用人术果真非同一般，在刘铭传和陈国瑞二人身上，其软硬兼施、恩威并重的方法发挥得淋漓尽致。实践证明，这一方法确实有很强的实用性。这样做能收揽人心，还可以起到震慑作用。只要恰当地结合这两方面，就会起到明显的效果，否则，这两名悍将是很难归顺于他的。当然，也正是因为曾国藩会识人用人，才带出了很多出色的将领。

不过，作为企业的领导，如何运用恩威并用的心理策略来达到目的是一个关键问题，为此，领导者需要做到：

1.要表现得平易近人

这样有助于拉近你和下属之间的关系，让下属产生归属感。

2.要表现出一个领导者的远大志向

这样，下属会觉得跟随着你奋斗是很有前途的，他们才有信心跟随你，拥护你。

英国前首相撒切尔夫人具有令世人称道的仪表和风度。她是20世纪后期世界上最具魅力的政治人物之一。她引人入胜的演讲风格为她树立了很高的威信，她在上任后的第一次讲话中这样说道：

"我是继伟人之后担任保守党领袖的，这使我觉得自己很渺小。在我之前的领袖，都是赫赫有名的伟人。如我们的领袖温斯顿·丘吉尔把英国的名字推上了自由世界历史的顶峰；安东尼·伊登为我们确立了可以建立起极大财富和民主的目标；哈罗德·麦克米伦使很多梦想变成了每个公民伸手可及的现实；亚历克·道格拉斯·霍姆赢得了我们的爱戴和敬佩；爱德华·希思成功地为我们赢得了1970年大选的胜利,并于1973年英明地加入了欧洲经济共同体。

在这段讲话中,撒切尔夫人列举了现代史上英国历任首相的功绩,以此来表明自己的任重道远和豪情壮志。同样地,职场领导在与下属谈话时,也要表现出自己的远大志向,让下属信服你。

3.要显出一个领导者应有的霸气

每位领导都应该有属于自己的威慑力,这样才能使下属服从。这种霸气体现在领导的语言风格上应该是典雅庄重的。

以明朝的开国之君朱元璋为例,了解什么是语言中的王者之气。

朱元璋当上皇帝后,经常会微服出巡。有一次,一行人马走到一个渡口等船渡江。正巧,一群赶考的举子们也在等船。举子们见渡船尚未到,就在江边吟诗作对,切磋文采打发时间。朱元璋觉得很有趣,静静地站在一旁,听他们做诗。当日江边风景十分壮丽,万里长江滚滚东流,苍茫的群山在雾气中时隐时现,气势磅礴,偌大的采石矶屹立于江岸,伟岸至极。

一个年轻举子凝视着眼前的壮美河山,吟道:"采石矶兮一秤砣。"举子们听了,一致称赞道:"这个比喻很是大气。"朱元璋听了，笑着说道："此句气魄如此之大，恐后难以为继啊！"大家听了一想，的确如此，把这么大的一座采石矶仅仅比做一个秤砣，那秤杆、秤钩可得是什么呀？即使勉强凑出这么大的秤，又能去秤什么呢？大家面面相觑，不知如何作答。朱元璋见状大笑，说道："我来试试。"说完，便高声吟诵：

"采石矶兮一秤砣，长虹作杆又如何？天边弯月为钩挂，称我江山有几多。"

举子们听罢，个个目瞪口呆，能作出如此气吞山河之气势的诗，面前的人只可能是当今万岁。于是，举子们纷纷下跪拜见皇上。

这个故事中我们可以看出，一个领导很容易用语言表现出自己应有的气势，而且这种表现在很多时候还是无意的。只要你有领导的威信，就会在语言中自然流露出领导者的气势。但要记住，有霸气并不代表高高在上、盛气凌人。如果是那样的话，很容易失去人心。

4.语言干脆，当机立断

领导者的威信可以在平时的说话中体现。对自己权限范围内可以决定的事，要当机立断，明确"拍板"。比如，车间工人上班经常迟到早退，不听调配。对这种违反纪律的行为就应果断决定"停止工作，等岗留用"。如果下属向领导请示某动员会议的布置及议程，领导认为没有问题，就可以用鼓励的委婉语气表达："知道了，你看着办就行了。"这种表述既给了下属支持与鼓励，也给了下属行动的权力。

5.要给予下属积极的刺激与激励

优秀的领导应该尽量表扬下属的才干和成就，要尽可能地把荣誉让给下级，常肯定下属的进步和优异表现，遏制自己的虚荣心。应该把自己摆在后面，这样下级就会为你尽心竭力，形成一种良性循环。

作为领导者，不能一味地展现自己强势的一面，而要懂得恩威并用，既让对方感受到你的威严，又能感到你的关怀和呵护，只有这样，才能获得下属的敬重和信任。

第七章

走好爱情的平衡木，让事业爱情双丰收

以包容与珍惜的心态相处，爱情才能永葆生机

"相爱容易，相处难"是一个普遍存在的现象。谈恋爱的时候，没有因为要在千千万万的人中找到对方而说难，也没有因为年龄、地位、习惯、性格上的差距而说难；可是，结婚之后却被"柴米油盐"这样的小事情难倒了。其实，婚姻是一个相互调适的过程，需要夫妻双方的共同维系和经营，夫妻任何一方的强势都会导致婚姻失败。

相爱简单，相处难，其实就是爱一个虚幻的影子比较简单，而爱一个现实的人则相对困难。婚姻需要磨合，需要保鲜，但归根结底仍是慢慢接纳现实的过程。

我们要真正体会：只有平平淡淡才是真。热烈奔放的爱情是一种体验，可是毕竟短暂；长相厮守，在漫漫岁月中相濡以沫才是爱情的真谛。只有在平淡中以包容、珍惜的心态相处，才能使情感保持平衡，使爱情永远焕发生机。

爱因斯坦虽然是一个科学巨人，却不善于经营婚姻，最终让婚姻走向破灭。他在晚年写给挚友贝索的信中，对此做了深

刻的反省。

爱因斯坦的第一任妻子是他在苏黎世读大学的同学——米列娃·马里奇，二人因为具有共同的科学梦想而相爱、结合。但在追求辉煌事业的道路上，爱因斯坦远远地把米列娃抛在了身后。于是，米列娃成为一个彻头彻尾的家庭妇女。由于缺少精神寄托，又得不到终日忙于事业的爱因斯坦的关怀，米列娃陷入了深深的痛苦，猜忌心也越来越重，最后两个人无可奈何地分居了。

试想，如果爱因斯坦能够多考虑妻子的感受，珍视自己的婚姻，米列娃也许就不会有那样大的转变。相爱与相处是能够取得平衡的，只要夫妻双方懂得珍惜彼此的感情，关心彼此的感受，感情也会越来越深厚。

对所有相爱的男女来说，经过甜蜜无比的恋爱之后，婚姻似乎变得朴实无华，人们也认为"平淡"就是婚姻的全貌。其实，只要我们肯花时间和精力去经营，婚姻就会是另一番景象。我们不应该任由爱在时光的漏斗中一点一点地流走，如果我们能用平常心和耐心去经营婚姻中的爱情，那么，即使到了两鬓斑白的时候，爱情依然青春永驻。

丽萨和詹姆斯已经八十岁了，他们相伴走过了几十个年头。如今虽然两个人都已是疾病缠身,但他们仍然相互搀扶着进进出出,眼里总是充满了对对方的爱恋,他们只要看着彼此,眼睛就会像恋爱中的年轻人一样闪亮。许多年轻人对他们羡慕不已,有人问他们:"为什么结婚这么多年,你们仍然能够让爱一如当初?"丽萨平静地说:"我们相伴几十年,我总是能从他的拥抱、眼神、微笑中感受到他的爱,然后我就会回应他的爱。如果真要说原因,大概就是我们彼此都为这段婚姻付出了心力,我们都很尊重和在意对方的感受。"

"难道你们几十年来都这样如胶似漆,从来没有吵过架吗?"他们笑着摇了摇头。詹姆斯先生说:"怎么可能?年轻的时候吵得不知道有多厉害,她总抱怨我不够爱她,而我也总是嫌她不够温柔体贴,最厉害的一次,我们差点就离婚了。可是后来,我们学会了心平气和地沟通,而不是争吵。慢慢地适应了对方,一起过了这么多年,现在已经是谁也离不开谁了。"

婚姻,就是两个人相互磨合的过程,就是在岁月的流逝中学习相处之道。事例中的老夫妻正是因为懂得如何经营他们的婚姻,才在争吵中逐渐磨合,才平衡了彼此的感情,最终实现了婚姻的幸福。

日本早稻田大学的一个研究机构对近五年来东亚地区离婚原因的调查研究表明:76%的夫妻都是因为鸡毛蒜皮的小事产

生摩擦，再恶化然后离婚的。由此可见，婚姻失败的原因常常都是夫妻间至少有一方没有配合经营它。如果夫妻双方都努力经营自己的婚姻，那么婚姻一定能够带给你真正的幸福。

当爱情进入婚姻后，维系彼此双方的情感生活，就不再是当初的花前月下、卿卿我我，甚至海誓山盟，而成为生死与共的责任和亲情。婚姻就像种田，如果不浇水、不除草、不施肥、不捉虫，就不可能得到秋天的好收成。当我们努力经营了我们的婚姻，婚姻的"田地"就会越来越丰饶，收成会越来越好。

我们不必因为生活的平淡而宣告爱情的死亡。用心感受婚姻的平淡，包容婚姻生活中遇到的一些恼人的细枝末节，和谐相处，你一定能够平衡好自己的情感，体会到爱情的滋味，并能够收获婚姻的幸福。

平衡好自己的角色，事业家庭两不误

对职场人士而言，掌握好家庭和事业的平衡无异于在走一条很窄的平衡木，想要掌握平衡不摔跤并不是一件很容易的事情。是应该花更多的时间经营、守护自己的婚姻，还是全力投入工作以获取成功；是应该专注于自己的家庭，还是专注于自己的事业……其实，这样的角色失衡可以归结为家庭和事业之间的冲突，而绝大多数职场人士也正是被家庭和事业的不平衡困扰着。

曾经有一群非常成功的电视主播，在一个节目中讲到他们是怎么得到今天的成就时，大发感慨，说他们为了事业牺牲了很多，尤其是他们的家庭。他们没有时间照顾自己的家庭，没有参与到自己孩子的成长当中，这是他们人生中最大的遗憾。

他们拥有了世人想要的辉煌成就，却依然觉得非常遗憾，这是因为在人们的潜意识当中，家庭始终是人生当中最重要的事业。没有任何成就能与一个幸福家庭带给人的成就感相提并论。所以，如果你有了自己的家庭，却为了自己的事业以牺牲家庭为代价，就算你以后成功了，人生的遗憾也是没有办法弥补的。

关于家庭和事业，"贪心"的职场人士想要两全其美，这没什么不能理解的，但你一定要从中找到一个平衡点。也就是说，你如果想家庭和事业双丰收，就不能单纯地只牺牲一个方面，两者都做出让步，才可能得到自己想要的结果。

当然，作为一个职场人士，对事业有着无限期待和追求的你，可能在家庭与事业的"平衡木"上更加倾向于事业的成功。但请你不要忘记，在选择事业的同时，你也已经选择了家庭，如果不想在人生中跌倒，你必须保持好两者的平衡。

那么，具体应该怎样平衡自己的事业和家庭呢？

首先，你要知道，处于人生的不同阶段，中心任务是不同的。比如，你即将面临一场晋升考试，那么在接下来的一段时间内，重心自然要偏向学习；如果你的家人遇到了不如意的事情，那么你就应该花更多的时间关注家庭，工作要先为此让道；而如果生病了，养好身体才是第一位的。总的来说，生活重心不要总是倾向于某一方面，而要因时因地制宜。

其次，去做那些自己真正想做、愿意做的事情。如果你做一份工作，感到很痛苦，却又因为不舍得自己目前取得的成就而无法放弃，你势必会不快乐，同时也难以取得进一步的成就。既然如此，为什么不去做那些让自己快乐，也更有可能取得成就的事情呢？

现实中，你随时随地都有可能碰到角色冲突、身心失衡的情况，但这并不可怕。只要找到家庭和事业的平衡点，不因外部因素顾此失彼，就能走好家庭和事业的"平衡木"，而且你也可以成为一个从容地走在人生"平衡木"上的人。

缺乏沟通，夫妻之间总是"不理解"

我们都知道，在婚姻生活中免不了磕磕碰碰，每每遇到婚姻中的问题，双方吵得不可开交时，我们都会说："为什么你就是不理解我？"其实，我们忽视了一点，婚姻本来就是由夫妻双方两个完全不同的个体组织起来的，需要相互包容。夫妻之间，一定要学会心平气和地沟通，如果关闭了沟通这道门，就会不理解。

吴强和林晓是一对年轻夫妻，两人性格互补。吴强性格开朗，喜欢结交朋友，常常会忘了时间。林晓刚好相反，无论什么时候，她都文文静静的，就连笑起来都显得那么秀气，她很不喜欢与外界打交道。

吴强有一个最大的爱好，那就是跳舞，每个周末他都要去跳舞，这个爱好最令林晓头痛。因为她最讨厌在那种环境下待着，如果可能，她宁愿选择在家看书或睡觉来打发时间。可是，吴强却每次都要拉着她一起去，非得让她陪着，美其名曰："有个美女坐在台下观战，我会跳得更加起劲！"

此刻，林晓独自一人坐在台下，看着台上的吴强，她有些不满，决定无论如何都要与他摊牌，以后她再也不愿意到这种场合。于是，在回家路上，林晓说道："没想到你跳得越来越好了，不过我还没看够呢，要不你今天就一路跳回去吧！"听到这里，吴强做了个鬼脸："你还真想累死我啊，亏你想得出来，那我得跳到什么时候才能到家啊？深更半夜的，你也不怕我被强盗打劫啊！"听了他的话，林晓趁机说道："你怕什么啊，一个大男人。刚才你把我一个人扔在舞厅，都不怕我被人占便宜吗？"听到这里，吴明才明白，原来林晓正为陪他来跳舞这事不满呢，赶紧追上林晓赔不是。

两个人性格不同，自然爱好也就不同。性格开朗的吴明喜欢跳舞，每次都要拉上林晓。在这种混乱的环境中，林晓很生气。然而，她并没有直接吵闹，而是借用幽默的方法表达不满，让吴明意识到自己的错误。这样一来，不仅问题得到了解决，二人的感情还会因此加深。

所以，处于婚恋中的人们要明白一点，一定要学会站在对方的角度看问题，学会理解和包容对方，才是婚姻长久的根基。

为此，无论男女双方都需要记住：

1.女人要信任男人

任何一个女人都要明白，即使男人再爱你，你也要注意不要完全解剖彼此的心灵，那样只会留下情感的碎片。

生活中，我们常提到"信任"一词，可以说，信任是爱人之间感情存在的基础，一对互不认识的男女牵手靠信任，恋人由恋爱进入婚姻的殿堂也是需要信任，任何一个男人，都希望自己的妻子或女朋友能够充分信任自己，猜忌正是感情的最大杀手。在我们的身边，似乎总是有一些看似"精明"的妻子，翻看丈夫的公文包，探询丈夫的行踪，查阅丈夫的手机信息，试图为自己的猜想找到蛛丝马迹，结果往往酿成一场场家庭悲剧。

的确，我们不能否认的是，猜疑心、控制欲是每个人与生俱来的，而且人总是缺乏安全感，这在现代婚恋中表现得更加明显，尤其现代社会的诱惑真的很多，女性更是防不胜防，管不胜管，假如你因缺乏自信而心生多疑，就干脆通过一些私人物品来捕风捉影，这只能激怒对方。爱需要自由的空间，再长久的爱情都经不起质疑，感情一旦产生信任危机，便岌岌可危了。这一点，对任何一个人来说，都很重要。

2.男人要体谅和理解女人

可能很多男人在婚前都对女友百般疼爱，尤其是在追求爱情的过程中更是使出浑身解数，说尽各种甜言蜜语，但一旦结婚，似乎就有一种"既成事实"的感觉，认为只需要赚钱养家、给老婆充足的物质生活即可。实际上，婚姻中的女人同样需要体谅。很多男人常说，女人是一种奇怪的动物，你根本无法了解她内心想的是什么。的确，男人很难读懂女人，更难读懂自己的妻子。也许是因为男人没有用心去读。其实，女人是可爱的，也是脆弱的。而人群中，你最关心的女人——你的妻子，常常可能也会让你感到疑惑，可能她嘴里问你为什么不发表意见，心里却生怕你反驳。她嘴里叫你走开，心里却希望你把她搂得更紧一点。

总之，"爱"这个字眼是阳光的，而在一个充满了猜忌、自私的环境里，爱会消失殆尽；而在一个相互尊重、接纳、诚恳的环境里，爱会茁壮成长。

相互磨合，不断实现求同存异

任何一个人，都希望拥有和睦、温馨的婚姻。然而，家庭生活本身就是由性格、生活习惯都不同的夫妻组织在一起的，难免会出现一些不和谐的因素。但只要我们心平气和，尊重、理解和包容对方，就是能做到求同存异的。

心理学家指出，男女其实是互补和对抗的两种个体，所以，男女双方走在一起，必须要经过一段时间的磨合，直到双方能接受并且习惯彼此相同或者不同的部分。

银行职员张先生就是个善于经营家庭生活的人。他这样陈述道：

妻子有着一般女人的爱好——逛街，经常是日出时出门，日落时还不进门。因为这一点，我和妻子在结婚之初时闹过很多次矛盾。

记得有一次，五一长假的第一天，她就拉着我陪她逛街。我只好硬着头皮去了，谁知道，妻子这个好动的女人，对什么都感兴趣，一会儿看看这个，一会儿看看那个，对自己想买的东西，不仅要货比三家，还要讨价还价，我实在受不了，就催她赶紧付钱，结果妻子不高兴了。回家后，我们吵了一架。

自那次后，只要妻子再拉我去逛街，我都千方百计地找借口推辞，时间长了，她也就不喊我了，而是找自己的朋友。

其实，刚结婚时，也希望能扭转妻子好动的性格，希望她也能和我一样在家看看报纸，看看新闻，多学点东西，但把个人喜好和性格强加于人，无异于给别人制造痛苦，想到这一点我的打算也就此放弃。

如何协调夫妻关系呢？后来，我在看书和新闻时，都看到了"求同存异"四个字，这四个字给了我启示，夫妻也可以求同存异。跟妻子商量，她赞同这个观点。于是，我们进一步协商。我们认为，妻子喜动，就应由她去参与适合她的活动；我喜静，我就去从事自己喜欢的事情，只要不超过原则，就互不干涉；同时，我们觉得，还必须挖掘一些共同点，否则，两个人的话题会越来越少。于是，我们买了副网球拍，傍晚时，就去小区的网球场锻炼。

时间证明，我们这套相处方法还是有效的。妻子再去逛街，一般只会告知我一声，我也不用跟着去了，就待在家中做自己喜欢的事，如上网、聊天、看新闻、读书、看报、写文章，互不干扰，各得其乐。如今，我们的婚姻已过了七年之痒，很少有矛盾摩擦，一直恩爱和睦。我和妻子的性格如此不同，却能和睦相处，我想应该就是求同存异的结果吧！

在张先生的经验之中，我们能看出，他之所以能和妻子和睦相处，恩爱如初，就是因为他们遵循了求同存异的相处之道。

夫妻之间求同存异，就是要尊重对方与自己不同的方面，尊重对方的个性，这也是一个人保持独立人格的基本要求。虽然两个人生活在同一个屋檐下，但仍然是有自己的思想的个体，有各自的爱好和价值观。当然，求同存异也不是放任对方，只要对方的行为不破坏家庭的稳定，有利于保持各自的身心健康，就可以支持。存异是为了求同，求同对家庭来说，当然是为了家庭的温馨、家庭的幸福。

在婚姻中，双方性格不同，把自己的喜好、习惯强加于家庭中的其他人，必然会引发很多矛盾。因此，拥有一个和睦的家庭，就必须学会求同存异。因此，在面对分歧的时候，我们需要掌握以下四要素：

1.沟通

相互沟通是维系家庭幸福的一个关键要素。有什么话不要憋在肚子里，要多同对方交流，也让对方多了解自己，这样可以避免许多无谓的误会和矛盾。

2.慎重

在婚姻中，遇到事情要冷静对待，尤其是遇到问题和矛盾时,要保持理智,不可冲动。冲动不仅不能解决问题,反而会使问题变得更糟,最后受损失的还是整个家庭。

3.换位

有时候,己之所欲,也勿施于人。不要把自己的想法强加给爱人,遇到问题的时候多换位思考,站在对方的角度上好好想想,这样,你就能更好地理解你的家人。

4.快乐

只有快乐的心情才能构建起幸福的家庭。所以,进家门之前,请抛掉外面的烦恼,带一张笑脸回家。如果双方都能这样做,那么这个家一定会成为一个最幸福的家庭。

小小的杯子，能试探对方和你的心理距离

生活中，可能很多恋爱中的男女都遇到过这样的困惑，随着交往的深入，你也了解了对方的情况，有继续发展的愿望，却不知道如何把握两人之间的距离感。最可怕的是，当你觉得两个人的感情已经趋于稳定，可以深入交往，比如，正式成为男女朋友的时候，对方却和你的想法完全不一样。很多时候，正因为这样，两个人闹得不欢而散。那么，你该如何探知对方的想法和你是不是一致呢？此时，不妨使用杯子技巧帮自己试探。

露西和杰森是一对已经相恋十年的情侣，他们在大学时一见钟情，然后一起读书、学习，一起毕业，一起来到上海这个大都市打拼，他们是别人眼中羡慕的一对。

转眼，他们恋爱都已经十年了，这十年里，他们一直都在为自己的梦想奋斗着，但如今，露西已经快三十岁了，她看着镜子里不再青春靓丽的自己，露西有点儿担忧。她想结婚，想有一个完全属于自己的家。但露西心里明白，杰森是个事业

狂,他有着自己宏伟的目标——要在上海开一家属于自己的互联网公司,可是,他到底想不想结婚呢?于是,露西决定和杰森好好谈谈。

这天,下班后,露西把杰森约到了他们第一次约会的咖啡馆,刚开始的时候,他们面对面坐着,谁都没有说话,沉默地喝着咖啡。露西想让杰森先说点什么,但杰森却一直在摆弄自己的手机。露西只好主动开口:"亲爱的,你对未来有什么打算吗?"杰森沉思片刻,用坚定的目光看着露西说:"我准备辞职,自己创立一家公司,你认为如何?我在这家单位工作已经六年了,所以,我觉得我已经深入了解了这个行业的运作流程,我有信心,我觉得自己能干好!"露西微笑着对杰森说:"当然,我相信你的能力,你总是那么优秀,任何问题都难不倒你!"杰森接着说:"露西,等我自己开公司,我一定要在上海最金贵的地段给你买一套大房子,咱们安家,抚养属于咱们俩的孩子!"说着,杰森开始笑起来,他真的很爱露西,这一点,露西心里也清楚。

接下来,露西准备试探杰森:"可是,我不在乎是不是能有一栋大房子,我只希望我们两个能够在一起。再过两个月,我就整整三十周岁了,我想,现在正是我们结婚生子的好时候。"说着,露西坐到杰森身边,依偎在杰森的肩膀上,顺手把自己的咖啡杯和杰森的放在了一起,彼此紧贴着,就像他们俩初次约会时一样。"现在？"杰森一边说一边舔了舔嘴唇，他喝了一口咖啡，顺手把杯子放到了距离露西的杯子10厘米左右的地方，继续说道："露西，我想给你更好的生活，我不希望咱们的孩子出生在一个与别人共用厨房和卫生间的家里。相信我，露西，只要我自己开公司，要不了两年，就能实现买大房子的梦想。到时候，咱们一买好了房子就结婚，保证你可以在三十五岁之前生宝宝。"露西叹了一口气，他知道杰森的脾气，他决定的事情是无法改变的，既然他想自己开公司创业，就不会在这个关键时刻结婚的。接下来，她要做的就是全心支持这个她深爱了十年的男人。

我们都看得出来，露西和杰森十分相爱，他们完全可以结婚。露西在提出结婚这一事宜的时候，杰森虽然没有明确拒绝，但他话里的含义，露西已经很明白了。露西为什么不坚持呢？原因很简单，就是因为咖啡杯。露西依偎到杰森身边的时候，同时也把自己的咖啡杯和杰森的紧紧地放在了一起，但是，杰森显然还没有准备好结婚，虽然他没有明说，但是他在放咖啡杯的时候，把自己的杯子放到了距离露西的杯子10厘米左右的地方。这就说明，杰森心里是拒绝的，所以他才会在不知不觉之中把自己的杯子放到10厘米之外的地方。

这就是"杯子技巧"在恋爱中的应用，利用"杯子技巧"，可以探知对方的真实想法。

具体的操作技巧是这样的：你在周末把对方约出来喝杯咖啡或者饮料，在闲聊的时候，你可以假装不经意地把自己的杯子靠近对方的杯子。此时，你可以留意一下，如果对方并没有把杯子移向自己的话，那么就表示，他已经接受你了。而反过来，如果对方把杯子移开了，则表明你们的关系还是保持现状比较好，再给对方一些时间吧。通过杯子间的距离，就可测知两人的距离。

当然，我们也不必非要利用杯子，还可以使用很多东西。比如，和他对面而坐，你可以假装不经意地将手越界伸到他的那一半区域，看他的手或身体是否回缩；如果并排而坐，你也可以假装不经意地将身子向他靠近，同时观察他的反应。

总之，在恋爱过程中，如果我们能够灵活运用杯子技巧，就能测试出对方与自己的心理距离，从而更好地把握交往的节奏和进度。

第八章

不做带刺的家长，就不会教育出有刺的孩子

刺猬法则

教育需要运用智慧和耐心，切记不可急躁

我们都知道，家庭对孩子一生的成长是至关重要的，家庭是孩子人生的第一所学校，家长是孩子最重要的启蒙老师。父母与孩子朝夕相处，接触的时间和机会最多，父母的言行无时无刻不在影响着孩子，父母的教诲引导孩子从小走到大，对孩子今后的成功有着重大深远的意义。家庭教育作为孩子通向社会的第一座桥梁，对孩子的个性、品质和健康成长起着极其重要的作用。因此，作为家长，在教育孩子的过程中，切记不可急躁，对孩子有耐心是教育的智慧。

一个小孩在草地上发现了一个蛹，他把蛹带回家，想看看蛹怎样化成蝴蝶。过了几天，蛹上出现了一道小裂缝，里面的蝴蝶挣扎了好几个小时，身体似乎被什么东西卡住了，一直出不来。小孩于心不忍，就想助它一臂之力。于是，他拿剪刀剪开蛹，帮助蝴蝶脱蛹而出。可是，这只蝴蝶身躯臃肿，翅膀干瘪，根本飞不起来，不久就死去了。

其实，蝴蝶在蛹中的挣扎是适应自然界的一个必经过程，没有这段痛苦的经历，它就无法变得强大。由这个故事可以联想到我们对孩子的教育，应该认识到教育不是一两天的事情，教育工作中遇到的问题也不是一两次就能解决的。揠苗助长有害，欲速则不达是每个家长都应该明白的道理，对孩子要有耐心，我们要学会等待，从一点一滴做起，以小见大。

当然，在教育的过程中，除了要有耐心外，还必须要运用智慧。

林先生是一名物理教师，他在教育孩子这一方面很有自己的心得，他曾陈述自己的一次教子经历：

我的儿子上小学时，有一次因为体育活动课玩得太兴奋，回家忘带了语文书，他偷偷和妈妈说，不要告诉爸爸。吃晚饭的时候，他妈妈忍不住告诉我了，我就叫他不要吃饭了，把书找回来再吃饭，他哭着叫他妈妈和他去找书，最终在学校找保安拿到了书。他回来后表情舒展了，我便和他说："一个学生丢了书，就像战士丢了枪一样。"他马上就回我："战士丢了枪，敌人来了可以躲起来啊！"我严厉地说："是的，战士丢了枪可以躲起来，那么老百姓谁保护啊？"他无言了，我又说："一个人不能忘记自己的责任啊！"前几天孩子妈妈去青岛开会，我和孩子两个人在家里，我发现他每天都要检查煤气、检查家门。有一次我因为去学校早了点，忘记拿牛奶了，回去以后发现儿子已经拿回家了，而且放到了冰箱里。那一刻我知道，儿子长大了。

林先生对孩子的责任教育，并不是陈述大道理，而是从生活中孩子丢了书本这一事件入手，让孩子明白书本对学生的重要性，从而让孩子明白做人必须要有责任感。后来孩子检查煤气、家门、拿牛奶等事，证明林先生的教育起作用了。

的确，真正会教育孩子的家长往往都能遵循孩子成长的特点，凡事耐心引导，而不是不问青红皂白，向孩子发脾气。为此，我们在教育孩子的过程中，需要做到：

1.倾听时，不打断，不急于作出评价

即使孩子的看法与大人不同，也要允许孩子可以有自己的想法。父母应考虑孩子的理解能力，举出适当的事例支持自己的观点，并详细地分析双方的意见。父母不压制孩子的思想，尊重孩子的感觉，孩子自然会敬重父母。

2.理解孩子的情绪

有时，孩子也不清楚自己的情感反应，倘若大人能够表示理解和接纳，他会有进一步的认识。譬如，当孩子知道奶奶买了玩具送给小表妹当生日礼物的时候，他也吵着要，此时大人应解释道："你感到不公平，不过这是给妹妹的生日礼物，你生日时奶奶也会给你礼物的。"这番对话能帮助孩子了解自己，了解社会，从而通情达理。

3.分享孩子的感受

无论孩子是报喜还是诉苦，你最好暂停手边的工作，静心倾听。若边工作边听，也要及时作出反应，表达自己的想法或感受，倘若只是敷衍了事，孩子得不到积极的回应，日后也就懒得再与大人交流和分享感受了。

4.让孩子自己思考

孩子在学习的过程中，必然会遇到一些问题，如果我们处处指导孩子，那么他就会形成依赖性，往往不会主动思考，而是等待你的帮助。因此，要想让孩子养成动脑的习惯，遇到问题时我们不妨示弱，让孩子自己分析，在此基础上再教给孩子分析问题的方法、考虑问题的思路。经过长期的训练，孩子遇到问题后自然就知道该如何思考了。

5.领会孩子的言外之意

婴幼儿在不开心、不满意时，就会直接啼哭。长大后，孩子也逐渐知道了哭不能解决所有的问题，因此，当他不快、疑虑时，往往隐藏起自己的感觉。但是，孩子的语言能力尚未发展完善，不能以恰当的语句表达心中的想法。比如，当孩子生病时，他会对你说："妈妈，我最讨厌医生。"此时你应顺着他问："他做了什么事让你讨厌他？"孩子如果回答"他总是要给人打针，要人吃苦药水"，你可以表示理解，再回答他："因为要打针吃药，你觉得很不好受，对吗？"这样，孩子的紧张心理会缓解，也会接受你接下来的引导。

做最亲密的朋友，陪伴孩子成长

时代在发展，社会在进步。现代家庭中的教育，已经不像从前那么简单了，作为家长，若想获得家庭教育的成功，首要的是更新家庭教育思想和观念。每个时代有每个时代的家庭教育观念，21世纪的家长会在家庭教育中产生困惑，就是因为现在社会变化太快了。现在我们应该既把子女当作子女，也要把他们当作朋友，当作一个与家长有平等关系的人。我们必须抛弃"天下无不是的父母"这种观念。

要和孩子做朋友，就必须与时俱进，了解你的孩子在想什么，才能产生共同语言。如果被问到"你了解你的孩子吗"，可能有的家长会说"我的孩子，我能不了解吗？"曾经有人做过一次调查，调查中设计了一些问题：

你的孩子最喜欢做什么？

他最崇拜谁？

哪件事曾经最打击他？

父母与孩子都写下这些问题的答案，相互对照，结果发现，没有一位父母能回答对一半以上的问题。

的确，很多父母能记得孩子每次的考试成绩，记得孩子喜欢吃的食物，但弄不清孩子崇拜的偶像是叫迈克尔·乔丹还是迈克尔·杰克逊，他到底是打篮球的还是踢足球的。努力和孩子建立共同的爱好，了解孩子，懂孩子，孩子才能有和你交流的兴趣和欲望。

最近，林女士和她上初中的儿子闹得挺僵，她只好请一个当老师的朋友——刘老师来调解。

这天，刘老师来到她家，单独会见她的儿子。儿子小学时参加过老师组织的夏令营，因此对刘老师很热情，也很乐意和她聊。

"我妈对别人客客气气，对我却总是大发脾气。每天我妈下班一回来，我打开门，只要见她脸拉得老长，我便立刻跑回自己的房间，关紧门，省得挨骂。"说着儿子举出几件实例。

"你妈也不容易，她在单位是领导，操心的事不少，她回家又要做饭，照顾你，够累的，爱发脾气可能是到了更年期……"

"更年期？"没等刘老师讲完，儿子就迫不及待地接过话头，"自打我上学，我妈脾气就这么坏，更年期怎么这么长？您给我来个倒计时，更年期哪天结束？我也好有个盼头！"

刘老师忍不住笑起来，她很同情这个男孩，事后她对李女士:"我们不能怪孩子不理解我们,我们也该改变改变自己了,尽管这并不容易。平时,我们很在乎孩子的物质要求,注重对孩子生活的照顾,却忽视了孩子的内心情感世界,特别是忽略了自己在孩子心目中的形象定位。"

林女士听到儿子对她的看法,说了句:"如今当父母真难,我们小时候哪有那么多事!"可她还是答应,要改变自己对孩子的态度。

的确,时代在变化,今天与昨天不同,明天与今天也不同。作为父母,我们都能感受到现代技术、新信息给生活带来的变化,更何况是人生刚刚开始的孩子?很明显,那些旧的环境下的教育模式,已经明显不适应新时代的孩子们了。

因此,作为父母,不妨学会在孩子面前"化化妆"——用新知识、新技能包装自己;"演演戏"——每天花上几十分钟,学点新知识,设计一些"脚本",用自己的行为影响孩子,用新鲜的话题引导孩子。

具体来说,你需要这样做:

1.转变观念,教育方法不能一成不变

很多家长认为,只要给孩子足够的物质满足,就是给孩子一个更好的生活,其实家长恰恰忽略了孩子最需要的东西。孩子们最需要的不是玩具和零食,而是亲密的情感,比如,你了解他的思想，理解他，认同他，给他一个鼓励的拥抱等。记住，你的孩子已经进入青春期了，已经有了自己的爱好、思想等，对此，你应予以正确的引导和鼓励，应该突破传统教育的固定模式，不能以一成不变、简单粗暴干涉的方式约束孩子，家庭教育也需要与时俱进。父母应该在平时多留意社会的发展和孩子的想法，注意与孩子沟通，在了解孩子的想法后多向老师求教，双方配合，合理引导，从而共同促进孩子的健康成长。

2.让孩子自由安排与父母独处的时间

很多父母感叹："虽然放暑假整天在家，每天儿子跟我交流的时间竟然不到半小时！""女儿每天除了上辅导班就是自己上网跟同学聊天、打电话，根本不理睬父母，说多了还嫌烦！"

这时，你不妨请教他："这个周末由你来安排，不过前提是，你要带上爸妈……"如果你的孩子答应了，就表明他已经允许你进入他的世界。

的确，孩子们天天在用现代化的眼光审视我们，迫使我们去学习新东西，督促我们更新观念。呆板的、单一的、简单的家教已经行不通了，父母要在人格魅力、学识素养各方面得到孩子的敬佩与爱戴。在现在这个多变的时代，变是唯一不变的真理。变是常态，不变是病态。因此，我们不妨改变自己，用社会发展的尺子丈量自己，与孩子共同成长。

给孩子话语权，让孩子感受到平等和尊重

我们不能否认，可怜天下父母心，所有的父母都爱孩子，但不是所有的父母都能走进孩子的心灵，没有了愉快的沟通，很多亲子间的矛盾就这样产生了。之所以造成这样的结果，主要是因为很多父母没有认识到，孩子是一个独立的生命体，而不是你生命的延续。很多家长在潜意识中把孩子看成自己的附属品，甚至是替代品，在沟通中，也就无意识地剥夺了孩子的话语权。

家长漠视孩子的感受，不给他们发言权，那么时间一长，孩子就会自动放弃争取自己的权利。这些孩子会变得听话，但同时，也会变得懦弱。而那些尊重孩子的父母，在孩子很小的时候，他们就懂得蹲下来和孩子说话，注视着孩子的眼睛，认真聆听他们的想法，与孩子商量办法，共同决定孩子的生活。这样的孩子，从小就有一种存在感，因为他们得到了父母的重视，在人际关系中有自信。因此，就算是对不懂事的孩子，话语权也是非常重要的。

冉冉是个很可爱的女孩，虽然她才四岁，但对很多事情已经有自己的想法了。冉冉说："我已经四岁了，不再需要别人告诉我该做什么、该怎么做了，我想自己做主，掌握一切事情。"她还会"机灵"地给小伙伴出主意："妈妈要我上床睡觉，可我不想睡，有一个好办法可以拖延时间，比如不断提出问题，妈妈没回答完，我就不必睡觉。"冉冉希望自己控制睡觉前的活动，于是会选择性地要求妈妈讲故事、唱儿歌给她听、陪她在被窝里躺一会儿，或者再回答她一个问题等。

当妈妈满足她种种要求后，准备离开她的房间时，冉冉又会再提出"最后一个"问题。而这个"最后"的问题常常不止一个。于是，请自己可爱的女儿上床睡觉变成相当冗长的"仪式"。

冉冉的这种表现就是这个年龄段的孩子要求自主的外在反映，是孩子要求父母接受自己意见的方式。随着年龄的增长，孩子能从环境中慢慢地体会到"权力"的存在，也相信自己有运用"手段"的能力，如利用提问题的方式规避睡觉。在这种情况下，他能感受到自己的权力受到了肯定，甚至感受到父母对自己的重视和无奈，而他会很开心。父母对孩子的这种"自主"的要求，也应该感到开心。毕竟，要培养出一个有判断力、责任感的孩子，前提是父母必须懂得权力的授予。所以说，孩子希望自己决定上床的时间，父母可在接受的范围之内，给予孩子一定的权利，这样才是双赢的做法。

因此，作为父母，如果希望孩子向你敞开心扉，你就必须给孩子话语权。但给孩子话语权并不是命令孩子："告诉我！"而是应该把孩子放在与自己平等的位置上，以朋友的身份鼓励孩子，让孩子表达内心的真实想法与感受，在这个基础上，父母才有可能有的放矢地教育孩子。

除此之外，父母还需要做到：

1.用心倾听是最好的交流

很多时候，父母可能都忽视了孩子的真正需要，孩子们需要的不是教训，而是父母的理解和倾听。而事实上，很多父母却常常不问事情的青红皂白，就对孩子进行语言的狂轰滥炸："什么？你在学校又犯事了？"孩子解释说，是老师冤枉了他，结果你根本不理会孩子的解释，接着训斥："没犯错误老师能冤枉你吗？那么多学生为什么要冤枉你一个啊？还敢撒谎！"这样，孩子原本还想解释什么，也就不说话了。其实，你知道吗？孩子这时最需要的是你的一个拥抱，一个肯定的眼神，但你的否定却让孩子退缩。他原本希望你是他的避风港，却发现自己又遭到一番教育，甚至成为父母的撒气筒，如此这般，孩子还愿意和家长沟通吗？给孩子倾诉的机会，让孩子宣泄心中的郁闷，这对孩子的心理健康是非常重要的。

2.适时回应，适当引导

我们说，倾听很重要，但不是让家长不说话。交流，需要双方有来有往，那么，在倾听后，我们怎样给孩子回应呢？

更多的时候，我们要用适当的语言同理孩子的情绪，也就是认同孩子的情感。比如，"你看起来很生气""听起来你很失望""哦""嗯""我明白了"，或者说"真有意思，要是我当时在场就好了，后来呢"，启发孩子说下去。

有些时候，我们听孩子说完之后就结束了，但有的时候，为了解决问题，也可以给孩子一些建议。不过，给建议也是要讲究方式的，一个原则就是，尽量少用语言直接给孩子建议，最好是让孩子自己分析，自己想出办法。家长说得多了，孩子未必能听得进去，经过自己思考得出的结论，才会真正成为他的经验。

3.满足孩子合理的心理需要

每个父母都希望自己的孩子诚实守信，都不喜欢撒谎的孩子。但是，许多孩子却表现得不如人意。这大多是由于后天的某种需要引起的，比如为了满足吃、玩的需要，甚至是为了逃避受批评、受惩罚，这些都助长了孩子撒谎的恶习。

所以，父母可以从孩子发表的意见中分析孩子的需要，尽量满足其合理的部分。满足孩子的时候应该用孩子的眼光看待事物，分析孩子的需要，认真倾听孩子的心里话，而不要以成人的想法推测孩子的心理。当孩子向父母讲述了自己的需要后，父母应该跟孩子一起分析，让孩子明白哪些是合理的、正确的，然后及时满足孩子合理的需要；对不合理的需要，则要对孩子讲明道理。千万不要觉得孩子还小，或者觉得事情无关紧要就放纵他们。长此以往，孩子就会不断地强化不良行为，形成不良的品格，最终影响到他的人生。

总之，孩子要求发表意见、要求自主的意识是随着年龄的增长越来越强烈的。父母要给予孩子的是尊重，给他们发表意见的机会，而不是压制。

赏识教育，鼓励能让孩子积极健康地成长

一本书中写道："人生中重要的事情不是感到惬意，而是感到充沛的活力。"对任何一个成长期的孩子来说，他们都需要激励，尤其是来自父母的肯定，这会让他们获得自信。如果父母总是否定他们，他的心就可能被自卑掩埋，那么，这样的孩子是很难成才的。

其实，有人说，孩子是父母的作品。所以，任何家长都希望自己的作品足够优秀。为了让孩子长大以后谦虚为人，并取得更大的成功，他们在孩子很小的时候就给孩子灌输这一观点，并在教育中一味地指出孩子的缺点，去强化它。这样，孩子真的会认为自己有那样的问题,心灵就倾斜了。所以，父母要学会中肯地指出孩子身上的缺点，多表扬孩子身上的优点，不要吝啬你的表扬。

小雨是个可爱的姑娘，成绩却极差，这令她的父母很是头疼。她的妈妈对老师说："孩子自上学以来，被老师留下是常有的事。为了她的学习，我放弃了工作，每天检查作业，辅导

她，但成绩还是很差，我早就对她没信心了。我很失败，我教一个孩子都没教好。您教这么多学生，还这么关注小雨，我们很感谢您。"

孩子是一个家庭的未来，老师看着小雨妈妈一脸的无奈，接着说道："小雨其实一点也不笨，只是对学习没有产生兴趣，自觉性差些，之前的教育方法不适合她。我想，只要家长和老师共同肯定她，鼓励她，她会进步的。"小雨妈妈仿佛一下子看到了希望。

后来，妈妈开始对女儿实行赏识教育，孩子回家后，她即使再忙，也陪孩子一起做作业，并鼓励她："乖女儿，你的字好像越写越好了，后面的如果也像这样该有多好，妈妈相信你以后都能写好的。"小雨露出了惭愧又充满信心的表情。

除此之外，小雨的妈妈在孩子遇到学习问题时，也会将心比心地说："你会做这么多数学题已经很不错了，妈妈那时候，做数学检测，一百题只能答对三十题呢。"

后来，当妈妈再次去学校开家长会时，老师对她说："小雨现在学习很努力，上课经常主动发言呢！课堂上总能够看到她高举的小手了，耳目一新的发言，让同学们对她刮目相看了。课间她也不再独处了，座位边也围了不少同学。"听到老师这么说，妈妈很是欣慰。

从这则教育故事中，我们了解到，家长一定要好好运用"赏识"这个法宝，不要觉得孩子做好学好是应该的事而疏于表扬，毕竟渴望被人赏识是人的天性。

心理学家曾经做过一个关于"孩子最怕什么"的调查，结果表明：孩子最怕的不是生活上苦、学习上累，而是人格受挫、面子丢光。美国心理学家威廉·詹姆斯有句名言："人性最深刻的原则就是希望别人对自己加以赏识。"孩子处于生理、心理变化的关键期，尚未形成独立的自我意识，非常在乎他人对自己的看法。因此，对孩子进行"赏识教育"，尊重孩、相信孩子、鼓励孩子，不仅可以及时发现他们身上的优点和长处，挖掘隐藏在他们身上巨大的、不可估量的潜力，而且能够缩短家长和孩子的距离，从而促进孩子的健康成长。

很多家长说，我该怎么夸孩子呢，总不能一天到晚说"好啊，乖啊"。这就谈到了赏识教育的中心话题，鼓励孩子，让孩子在"我是好孩子"的心态中觉醒，同时一定要注意表达的方式和内容。具体来说，你的赏识必须满足两个要求：

1.表扬一定要真实

对孩子的赏识一定要是发自内心的，而不是虚伪的。你可以不直接表达你的赞赏，可以通过行为、动作表达自己的肯定，也可以把别人对孩子的夸奖转达给孩子。你没有直接夸奖，但效果达到了。不要认为孩子是可以随便哄哄的，假惺惺的夸奖会被他们识破。

2.表扬不要附带条件

有些家长虽然也认识到了赏识教育的重要性，却担心孩子会骄傲，于是，他们常常会在表扬后加上一些附带条件，比如"你做这件事很对，但是……"这类家长认为，这会让孩子更有心理承受能力。其实，孩子最害怕这样的表扬，他们会以为你的表扬是假惺惺的。因此，你千万不要低估孩子的智力，他们是能听出你言外之意的。

批评孩子,应防止过犹不及

为人父母,除了给孩子生命,还需要教育他们。孩子犯错了,批评管教少不得,而孩子的心灵是脆弱的,我们批评教育孩子,千万不能伤害孩子的自尊。因此,任何批评都必须讲方法,如果孩子一犯错,就采取谩骂、呵斥的方式,那么,不但不能让孩子接受并改正错误,还会给家庭生活带来很多困扰。

有位家长在谈到教育女孩的心得时说:

"有一天晚上,我和女儿在玩学习机,她突然仰起小脸,凑到我的脸前说:'妈妈我跟你说件事,你以后就只在我面前说我不听话,别在人家面前说我不听话。'说完她就亲了亲我的脸,不好意思地对着我笑。看着女儿,我的心里突然一阵酸,心情也久久无法平静,她才只有三岁半啊。三岁半的孩子希望妈妈只在她的面前说她、批评她,而不要在别人面前说她不听话,孩子的心是多么敏感脆弱啊。我心疼地抱起女儿,向她保证以后不在人家面前说她不听话了。"

的确，孩子都是渴望得到表扬的，尤其是一些生性敏感的孩子，她们有强烈的自尊心。作为家长，应该时刻注意保护好孩子的自尊心，不要在众人面前说他们的缺点和过错，不要在众人面前批评他们。因为孩子的每一个行为都是有原因的，这是由孩子的心理生理年龄特点所决定的。也许这些原因在成人看来是微不足道的，但在孩子的眼里却是很严重的。不了解原因而当众批评他，非但不能解决问题，反而会使问题变得更糟，使孩子产生逆反抵触情绪，导致对孩子的教育很难继续。

育儿专家告诉我们，在批评和尊重之间，了解孩子的承受能力，并选择适合的批评方式，会帮助父母找到平衡，但父母们必须掌握以下几个在批评孩子时的说话原则：

1.注意时间和场合

批评孩子尽量不要在清晨、吃饭时、睡觉前。在清晨批评孩子，可能会破坏孩子一天的好心情；吃饭时批评孩子，会影响孩子的食欲，长此以往对孩子的身体健康不利；睡觉前批评孩子，会影响孩子的睡眠，也不利于孩子的身体发育。

2.批评孩子之前要让自己冷静

孩子犯了错，特别是犯了比较大的错，或者屡错屡犯时，家长难免心烦意乱，情绪波动会比较大，很可能会在一时冲动之下对孩子说出不该说的话，或者做出不该做出的举动，这都可能会对自己和孩子产生极为不良的影响。

3.先进行自我批评

父母是孩子的第一任老师,孩子犯错误,父母或多或少都会有一定的责任。在批评孩子之前,如果父母能先来一番自我批评,如"这事也不全怪你,妈妈也有责任""只怪爸爸平时工作太忙,对你不够关心"等等。这些话会让家长和孩子的心理距离一下子拉得很近,让孩子更乐意接受父母的批评,还可以培养孩子勇于承担责任、勇于自我批评的良好品质,一举多得,又何乐而不为呢?

4.一事归一事

在批评孩子的时候,我们只要明白,自己的批评是为了让他知道,做什么样的事会带来什么样的后果,而不是为了伤害他或给他贴上"坏孩子"的标签,这样就不会给孩子造成心理阴影。

5.给孩子申诉的机会

导致孩子犯错的原因是多种多样的,有孩子主观方面的失误,也有可能是客观原因造成的。从主观方面来说,有可能是有意为之,也有可能是无心所致;有可能是态度问题,也可能是能力不足,等等。

所以,当孩子犯错后,不要剥夺孩子说话的权利,要给孩子一个申诉的机会,让孩子清楚表达自己想说的话,这样家长会对孩子所犯的错误有一个更全面、更清楚的认识,对孩子的批评会更有针对性,也让孩子能心悦诚服地接受自己的批评。

6.父母在批评孩子时要形成"统一战线"

中国有句古话叫"严父慈母",很多家庭至今还沿袭着这一传统,父亲和母亲在教育孩子方面,一个唱红脸,一个唱白脸,其实这对孩子的成长是不利的。如果这样,孩子犯错后,所想的不是如何认识和改正错误,而是积极寻求一种庇护,寻求精神的"避难所",甚至可能因此变得肆无忌惮,为所欲为。所以,当孩子犯错后,父母一定要保持高度一致,形成统一的观点,共同努力,让孩子能正视自己所犯的错误,并努力改正自己的错误。

7.批评孩子之后要给孩子适当的安慰

孩子犯错后,情绪往往会比较低落,心情也会受到影响。父母在批评孩子后,应及时给孩子一些心理上的安慰,用语言安慰孩子,比如"没关系,知道错了改正就行""我知道你是个聪明的孩子,自己会知道怎么做""爸爸妈妈也有犯错的时候,重新再来"等。

当然,生活中还存在一些现象,家长们保护孩子自尊的意识强了,可有时却简单地把"尊重孩子"和"管教孩子"这两件事对立了起来,好像保护孩子的尊严,就要放弃最基本的管教和批评。其实,如果我们了解孩子在不同的年龄段能够接受的批评方式,就完全可以根据他的承受能力适当批评。绝不能因为担心伤害,就不批评、不管教。

刺猬法则

很多教育问题的根源是缺乏沟通

在中国旧的家庭模式中,家长似乎都是高高在上的,似乎都是正确的,是无所不知的,而孩子则是无知的、幼稚的,所以父母都认为孩子必须听自己的话,只有在孩子心中树立威严,才能让孩子接受自己的教育方式,而实际上,现在的孩子们越来越要求和家长平等对话。所以,如果亲子之间缺乏沟通,就会产生很多教育问题。

陈先生几年前和妻子离婚后,独自一人带着孩子。一次,他在一篇日记中写下和儿子沟通的过程:

今天我又和儿子谈了很多,自从儿子进入青春期后,我深感和孩子沟通的困难,他似乎总是对我存在偏见。但经过这些天的沟通,他似乎理解我了,我也更深刻地明白了,和孩子沟通真的需要寻找最好的时机。以前,我和儿子聊天,儿子总是一副不耐烦的样子,我还感叹和他的沟通怎么这么难。这会儿才明白,原来是我选的时机不对。就像这一次,我一开始是在客厅和他谈的,他正在看电视,就不可能太注意我的谈话,能搭几句就不错了。等到我们一起包饺子的时候，很安静，也没有别的事打扰，儿子就和我聊了很多，这是以前从未有过的。

而儿子的有些事也是我从来不知道的，包括以前老师对他的一些错怪。他还告诉我，他要是考不上很好的大学，就出去干点什么，这是他从未告诉过我的，也是他对自己的将来做的打算。我就非常认真地告诉他，我会完全支持他做的决定，不过，现代社会，只有知识才是永恒的竞争力，书是一定要读的。他好像听懂了，连连点头。

和儿子聊了很多很多，我对儿子有了更深的了解。我也更有信心，儿子是非常优秀的，在许多事上虽然想得不全面，却有自己的见解。我知道，只要坚持和孩子沟通，我和儿子之间的关系会越来越好，孩子也会健康成长。

现代家庭，代际沟通似乎越来越困难，很多父母感叹："现在的孩子真是不像话，小学时候还好，大点之后，自己的主意一下子多了起来。好好同他讲道理，他却不以为然，道理比你还多，有时还把父母的话看作没有意义的唠叨，总之就是一个字——烦！他嫌我们烦，我们因他的烦而烦，一天话也说不上几句了。"

问题在哪里？是孩子的问题，还是父母的问题，还是沟通方法的问题？也许孩子不是一点问题都没有，但更多的问题可能出在父母身上。作为父母，你是否愿意与孩子倾心长谈一次呢？在孩子小的时候，你一般会用故事、音乐、聊天来哄孩子入睡，等他长大了，你是否还愿意抽出时间与孩子交流呢？如果在孩子入睡前，我们能一起坐下来清理一天的"垃圾"，不让忧愁过夜，这是不是一种积极的生活态度呢？有一位教育家说过："父母教育孩子最基本的形式，就是与孩子谈话。我深信，好的教育，是在和父母的谈话中不知不觉获得的。"如何有效沟通，是我们需要学习与探讨的。为此，父母需要做到：

1.找对谈话的时机

选择好的时机谈话是非常重要的，否则谈话达不到预期的目的。一般情况下，解决问题都是越快越好，如果事情拖延下去，问题就会沉淀。

另外，从时间上来说，如果你需要和孩子交流一个严肃的话题，不要选择孩子放学回家刚放下书包的那段时间，因为一天的疲劳使人难以集中注意力，也不好控制自己的情绪。生理规律告诉我们，下午5点至7点是生理活动的最低点，迫切需要补充营养，恢复体力。而晚饭过后，心情逐渐开朗，这是与孩子分享心情，进行沟通比较好的时机。

从心理需求上来说，在孩子最需要帮助和鼓励的时候和他沟通效果会好得多。

2.选择一个合适的沟通场所

有些父母认为,和孩子说话当然是选择家里了,其实也不一定。如果家中无外人则可,如果有外人在场,则应考虑孩子的自尊心和感受。

那么,什么场合适合与孩子谈话呢?当然,这也视具体情况而定,如果你要鼓励和赞扬孩子,可以选择人多的场合,让大家看到孩子的成绩,如果你的孩子容易骄傲,则避免公开表扬;如果涉及隐私问题,或者指出孩子的失误、缺点或者批评孩子的话,则应该在私下,选择没有别人在的时候。因为在无第三者的环境中,更容易减少或打消惶恐心理或戒备心理,从而有利于谈话的进行,这样还可以避免当众伤害孩子的自尊心,让孩子说出心里话,加强你和孩子之间的沟通。

另外,如果你需要和孩子静心交流、和孩子谈心的话,则应该选择一个平和安静、风景美丽的地方,因为这样的地方,可以让彼此心平气和,情绪稳定,心情舒畅,易于接受对方的意见。如利用周末或假期,带孩子到公园或风景游览区,一边游玩,一边说说悄悄话,这样的沟通和交流一定会起到很好的效果。

3.每次只谈一个话题

有些父母认为,和孩子说话机会难得,一定要多沟通。孩子虽然已经有了自我意识,但他们毕竟还是孩子,在同一时间内未必能接受父母的很多观点。另外，与孩子谈得太多，也容易引起他们的反感。

总之，父母和孩子沟通，一定要选择恰当的谈话时机和环境，这有助于创造一个良好的谈话氛围，心平气和地解决教育问题。同时，父母还应记住，即使再忙，每天也都应该抽出一点时间和子女沟通！

第九章

拔掉身上的"刺",做能屈能伸的大丈夫

能屈能伸，从容忍耐是一种坚韧的品质

常言道，大丈夫能屈能伸。的确，这句话告诉我们，未必只有刚直不阿才是大丈夫。真正的大丈夫，既要有英雄气概，也要做到能屈能伸。所谓能屈，就是指当外部客观环境对我们不利的时候，我们能够静下心来耐心等待时机；所谓能伸，就是指当外部客观环境对我们有利的时候，我们能抓住时机马上振作，从而让自己扬眉吐气、获得成功。有的时候，机会转瞬即逝，所以我们更要有胆识、有魄力，抓住千载难逢的好机会，成就大事。

当然，人生随时处于变化之中。屈只是暂时的，暂时的屈是为了远大的人生理想。假如我们因为不能忍受一时之气就常常燃起怒火，那么不但壮志难酬，也会无法实现自己的抱负。"伸"当然是每个人都渴望的状态，然而在生活中如何更好地"伸"，是需要智慧的。现代社会，生活节奏越来越快，工作压力越来越大，形形色色的竞争也日益激烈。在这种情况下，我们必须能屈能伸，伸屈有道。否则，该伸的时候不伸，该屈的时候又一味地出头，岂不是让我们的人生更加被动吗？聪明的朋友，面对残酷的生活，既不会一味地退缩，也不会一味地

进步，而是依靠自己的人生智慧，不断争取属于自己的机会，从而开拓属于自己的人生。可以说，屈是一种极富柔韧性的力量。就像水，虽然是大自然中无形的物体，却无孔不入，因而也是最强韧的物质，蕴含着人们难以想象的力量。

很久以前，有位年轻人在大学毕业后，去了海上的油田钻井队工作。第一天开始工作，他就遭到了领队的"刁难"。原来，领队交给他一个精致的盒子，让他在规定时间内把盒子送给在几十米高的钻井架上工作的技术主管。年轻人非常重视领队交给他的任务，因而拿着盒子大步流星地走向钻井架。他片刻也不敢停歇地爬啊爬，直到累得膝盖酸软、浑身大汗，才爬到钻井架顶层，把盒子交给技术主管。没想到，技术主管在拿到盒子后，根本没有打开盒子，只是在盒子的盖子上签上自己的名字，就把盒子交给年轻人，让年轻人把盒子送给平台上的领队。年轻人不遗余力地飞速下了高架井，片刻也不敢耽误地把盒子交给领队。不想，领队也在盒子上签字之后，就又让年轻人送给高架井上的技术主管。年轻人心里感到愤怒，却勉强忍耐着，说服自己再次抱起盒子开始爬高架井。因为严重的体力消耗，他这次爬到高架井上时，浑身都被汗水湿透了，甚至连眼睛都因为流入汗水而睁不开了。

他气喘吁吁地把盒子交给技术主管，技术主管笑着说：

"打开盒子吧。"年轻人打开盒子,发现盒子里居然是一罐咖啡。他感到侮辱,因而怒气冲冲地质问主管:"你们到底什么意思?"主管没理会他,而是说:"冲一杯咖啡吧!"年轻人却怒不可遏地把盒子扔到地上,怒吼道:"老子不伺候你们了!"说完之后,年轻人觉得心里舒服多了,因为他发泄出了自己的怒气。不想,技术主管此时却非常严肃地对他说:"你并不适合这份工作,现在你可以走了。但是,我在你走之前必须告诉你,刚才之所以来回折腾你,是为了对你进行'承受极限训练'。要知道,海上的情况瞬息万变,在海上工作必须有足够的承受能力面对各种各样危险的境地。遗憾的是,你虽然通过了之前的三次考验,却在最后一次功亏一篑。原本,你此刻应该坐在这里喝咖啡的,但是现在你该走了。"

年轻人虽然通过了"承受极限训练",却因为没有坚持到最后,所以前功尽弃。在职场中,每个人都迫不及待地想要获得成功,但是,我们要保持平静淡然,也要拥有足够的耐心,坚持付出。否则,徒有功利心的人,是不可能获得成功的。

任何人要想获得成就,都必须拥有顽强的意志,不断接受磨炼和忍耐。要知道,没有任何人的人生是一帆风顺的。不管什么时候,我们只有学会能屈能伸,才能适应各种复杂的情况,从而更加深刻地感受人生,并更加成功地把控人生。

适时低头，才有他日抬头的机会

人生在世，不可能永远都海阔天空。有的时候，我们要经过的门或者窗户太低了，必须低下头，才能顺利通过，才不会撞得头破血流。要知道，学会低头，对每个人来说都很重要。尤其是在人生的困境之中，情况原本就很复杂和艰难，假如我们只顾着高昂着头，则必然会被困在艰难的处境里，根本不知道如何做才能以最小的伤害换取最大的成功。

毋庸置疑，人生是需要扬眉吐气的。但是，人生的情况也是复杂的。在海阔凭鱼跃、天高任鸟飞的日子里，我们当然可以一蹦三尺高，但是，在狭窄逼仄和局促的人生空间里，我们要想找到出路，就只能低下头，从而审时度势，顺应形势，做出明智的选择和举动。也许有些朋友会说，低头是很让人难堪的，然而实际上，低头并不意味着认输，也不意味着放弃希望。所谓低头，实际上只是暂时地采取低姿态，从而为自己争取时间以转换思路，适时调整目标，令自己顺利走过人生的坎坷泥泞，走到人生的开阔地带。假如我们被困在低矮的山洞中，如果不低头，就永远也走不出山洞，更无法到达外面的世；如果低下头，那么就可以走出山洞，走到阳光明媚、春光正好的大好时光里。那么，我们应该选择继续昂首挺胸，还是低头呢？明智的朋友当然会做出正确的选择。

一只蝴蝶不小心闯入窗户，它被困在房间，不停地飞舞着，无论如何努力都无法飞出去。显而易见，它已经找不到来时的路了。它四处冲撞，不止一次地撞到墙壁上，仍没有成功逃脱房屋的禁锢。实际上，这只蝴蝶完全是当局者迷。它之所以迷路，就是因为它总是在房间上空盘旋，而不愿意飞得低一些。只要稍微低一些，它就能找到敞开的窗户。

曾经的美国总统富兰克林，在年轻时应邀去长辈家做客。来到长辈家低矮的茅草屋时，他依然昂首挺胸，刚刚进门，就被低矮的门框挡住了。他毫无思想准备，就这样重重地撞在了门框上，额头当即撞得又红又肿。长辈看到富兰克林尴尬的模样，不由得意味深长笑着说："你的头一定很疼吧？要知道，你来我家做客，我也没有好好招待你，这就当送给你的礼物吧！一个人要想在这个世界上生存，必须始终铭记一个道理，即该低头时一定要低头。"这次拜访之后，富兰克林牢牢记住了长辈的教诲。他在一生之中都遵循这个原则做人做事，最终获得了成功。

不管是蝴蝶也好，还是曾经大名鼎鼎的美国总统也好，都要学会适当地低头，才能更好地生存和发展。经验丰富的农民都知道，越是成熟的稻地，稻子越是低垂着头。相反，那些把头抬得高高的稻穗，全都是空的、瘪的，都不是成熟的。现实生活中，我们要学会低头，这绝不是妄自菲薄，而是谦逊的姿态。

遗憾的是，现实生活中，有很多人尽管对生活满腔热情，而且有着远大的理想和抱负，却不懂得低头。现实世界总是残酷的，也并不会同我们想得那样顺心如意。面对生活的坎坷泥泞，我们唯有吸取经验和教训，不断提升自我，才能在暂时低头之后获得长久的抬头，在暂时退却之后获得更加长远的进步。唯有掌握这种在社会上生存的智慧，我们的人生才能更加坦然从容。

刺猬法则

崇尚张扬个性，但也别自视甚高

现实生活中，很多人自视甚高，总觉得自己有杰出的才能，所以走起路来总是仰面朝天，生活中也从来不把任何人看在眼里。不得不说，现代社会崇尚个性，也主张释放个性、发展个性。这当然是对人性的尊重和解放，也是社会文明不断发展和进步的标志。然而更多的时候，我们应该适当收敛自己，适当降低自身的姿态，这样非但不会降低我们的身份与地位，反而能够更加提高我们的身价。否则，假如我们总是自以为是，认为自己不同于普通人，日久天长，当然会变得锋芒毕露，也会无形中得罪很多人。

现实社会中，我们如果想走出一条属于自己的路，就应该放低自己的姿态，千万不要因为自己有着高学历、良好的家庭背景、丰富的工作经验，就自以为是，在职场上自觉高人一等。要知道，长江后浪推前浪，很多时候，越是职场新人，就越有冲劲，反而更能够开创出属于自己的道路。而作为老人，如果我们总是倚老卖老，则一定会因为把自己捧得太高而摔得太重。因此，我们不如先放低自己，再把握机会充分表现自己，从点点滴滴的小事做起，积累自己的资本，从而让自己发挥实力，真正得到他人的认可和赏识。

张坤原本已在一家企业做到销售主管的职位了，薪水也很高，他想，就这么继续发展下去，早晚弄个副总当当。但是没想到，公司突然遭遇发展"瓶颈"，张坤和其他同事一样，一夜之间就成了失业人员。原本，张坤在找工作的时候自信满满，觉得凭着自己的资历和经验，怎么也能再当个主管。让他惊讶的是，他投了很多份简历都石沉大海，杳无音信。为此，他渐渐感到绝望，想要放弃，但是一想到家里需要经济支撑，自己也不可能只依靠妻子微薄的薪水度日，他思来想去，决定隐瞒自己的工作经历，从最基本的工作做起。

得知一家规模比较大的公司正在招聘销售员，张坤带着简历去应聘了。看到张坤的简历，再看看张坤的年纪，对方不由得多问了几句。因为聊得好，张坤还是说出了自己的从业经历。对方的招聘人员不由得心里打鼓，不知道张坤还能否踏踏实实地从零做起。不想，张坤一口答应了他们提出的薪资要求，而且保证自己已经做好了从零开始的准备。对方抱着试试看的心态，让张坤到公司上班。果然，张坤丝毫没有当主管的任何不良习惯，而是和大学刚毕业的年轻人一样吃苦在前、享乐在后，不管有什么事情都冲锋陷阵。后来，张坤的业绩越来越好，老板当然也不会放着这样一个现成的人才不用，当即决定提升张坤为销售主管。

虽然张坤进入公司时的姿态很低，但他马上就凭着自己吃苦耐劳的精神成功突破自我的局限，凭借自己的实力博得了上司和领导的赏识，因而再次成为销售主管，升职加薪，好事连连。

生活中，很多人都不敢放低自己的姿态，究其原因，是因为他们害怕被别人瞧不起，所以迈不过去自己心里的那道坎。其实，只要我们摆正心态，端正态度，我们完全可以做自己该做的事情，而根本不用在乎别人对我们怎么想、怎么看。要知道，一个人只有准确定位自己，才能找到属于自己的人生之路，拥有与众不同的精彩人生。

适时妥协，是为了获得更大的进步

在大自然中，各种事物和谐共生，彼此相容，从而达到大自然的整体和谐。在人类社会，要想创造和谐，也是如此。因而，聪明的人虽然懂得要维护自己的合法权益，知道不能时时处处软弱退让，但是同样明白自己必须学会谦虚礼让，有的时候还要主动妥协，如此才能维持良好的人际关系，与他人友好相处。

现实生活中，世界是美好的。哪怕有邪恶的一面，也更多地展现出美好，让每个人都对世界满心留恋，满怀希望。也许有朋友会说，妥协是软弱的表现，殊不知，妥协并非软弱，而是以退为进的绝佳方式，这往往能够帮助我们达到预期的目的。从心理学的角度而言，人是有互惠心理的。当我们对他人示好，他人得到我们的恩惠时，也必然会对我们示好，从而让我们成功做到以退为进，获得进步。当然，妥协也是有度的。妥协不应该过度，唯有恰到好处地妥协，才能避免软弱和怯懦，才能成就自己。

近来，小王正在四处奔波买婚房。他的婚期越来越近了，他很想赶快买一套房子，这样才能赶得上装修，给心爱的女孩一个完美幸福的家。然而，小王虽然看中了几套房子，但是房主不是要涨价，就是改主意不卖了，弄得小王心力交瘁。他暗暗问自己："难道我只想买一套属于自己的房子也不行吗？"

这个周末，小王又看上了一套房子。他准备周一下班之后和房主见面谈谈价格，如果合适，就把合同签下来。这次，他想起之前和房主谈价格时碰到的钉子，因而决定改变一种方式。很快，周一晚上到了，小王和房主坐在中介公司的会议室里，开始谈论关键问题。小王先发制人："您好，张先生，我对您家的房子很满意。不过我是初次置业，房子是刚需，首付全是父母辛苦借来的，所以首付很紧张。对您的房子，我的心理预期是在120万元。"房主的报价是128万元，听到小王说出的话，很为难地看着小王，当即斩钉截铁地说："这个价格绝对不可能。要是我愿意以这个价格成交，我的房子一个月前就成交好几遍了，根本等不到你来跟我砍价啊！"小王当然知道这个价格不可能，但是他还是装模作样地和房主软磨硬泡了一会儿，之后他话锋一转："这样吧，我也知道您很为难。我的确也是有苦衷，不然我就不在这里和您磨嘴皮子了。我把价格提高到122万元，这真的是我承受能力的极限了。您就当是把房子托付给一个有缘人，欢迎您随时回家做客。"听到小王的话，张房主有些不好意思，说："小王啊，我知道初次置业困难，就像我当初买这套房子，也是很艰难的。这样吧，我也不坚持128万元了，我给你让到125万元。你要是觉得可以，咱们就签约。要是实在不行，我也真的没办法了，毕竟我也是换房，卖了这套房子，我也得借钱买其他的房子。"小王心中不由得暗暗窃喜，因为他的心理价位就是125万元。不过看到房主这么痛快让到125万元，他决定再努力一下，争取让房主把价格让到124万元。最终，房主也让了一步，他们以124万元的价格达成了交易。

在这次谈判的过程中，虽然小王看起来不停地妥协，但实际上他是以退为进，以他的妥协换取了房主的主动让步，从而使交易顺利达成。反之，假如小王总是就价格问题咄咄逼人，那么房主必然也寸步不让，他们的谈判就会进展困难，很难顺利签订合同。

常言道，退一步海阔天空。任何时候，我们都不要与他人针锋相对，否则必然导致他人对我们心怀不满，加倍警惕。我们唯有学会适度地妥协，以退为进，才能以柔软化解他人的强硬，以柔韧战胜他人的坚持。很多人之所以能够获得成功，就是因为他们深谙妥协的道理，能把妥协运用得炉火纯青。

刺猬法则

适当隐忍，积蓄力量

俗话说得好，忍一时风平浪静，退一步海阔天空。很多年轻人早早地就拥有自己的梦想，而他们的一生也将是实现抱负的一生。人生成败得失，七分在于努力，三分在于命运。虽然我们力求一路顺风地驶向人生的终点，但人生之路不会一马平川，坎坷和曲折在所难免，谁都不能逃脱。年轻人要成就自己的人生，只能随时调整自己的速度，即使是走到了路的尽头，以为再也无路可走时，还可以选择后退几步，然后转个弯，这何尝不是一种人生智慧呢？

朱棣是明太祖朱元璋众多儿子中的一个。起初他并不起眼，在众多的皇子中也不受宠爱。按照明朝的正统习惯，太子是继承皇位的第一人选，因太子朱标已死，朱元璋死后，皇太孙即位，也就是建文帝。

当时的朱棣身为藩王，和其他兄弟一起被分封各地，拥有重兵，暗藏谋反之心。建文帝察觉自己的皇权受到严重威胁，便开始削藩，以各种名义杀死了很多亲王。

朱棣发现建文帝的心思后，并没有立即谋反，也没有联合其他藩王采取什么过激的反抗行为。他深知自己的实力尚且单薄，成大事的时机尚未成熟。这时，忍一忍是最明智的选择。于是，他暗地里操练兵马。但消息不久便传到朝廷，

建文帝要缉拿朱棣。朱棣知道此时与建文帝对攻，仍丝毫没有取胜的把握。所以，他开始装疯，在街上大喊大叫。建文帝得知，便派谢贵等人查看虚实。当时正值盛夏时节，烈日炎炎，酷热难耐，谢贵等人见朱棣坐在火炉旁，身穿羊皮袄，还冻得瑟瑟发抖，连声呼冷。与他交谈时，更是满口胡言，让人不知所云。谢贵把情况告诉了建文帝，建文帝就放弃了对付朱棣的想法。然而，朱棣靠装疯赢得了时间，最终发动了叛乱，打败了建文帝，登上了皇位。

朱棣靠装疯卖傻，在混乱的时局中保住了自己的性命，并在不久之后顺利登上了皇位，这种忍耐和智慧不禁让人赞叹。任何成大事的人都不会只看到眼前的利益，逞一时的英雄算不得什么，可贵的是在夹缝中依然坚强地生存。忍耐是人得以保全的法宝，是穿梭在夹缝中的利器。饱受忍耐历练的人，会将所有的磨难、困苦变成自己一飞冲天的资本。

年轻人在社会上打拼，切不可急切冒进，一味猛冲，却不懂窥探时局，适当隐忍。当然，遇难就退也是万万行不通的。

古人讲，逆水行舟，不进则退。奋斗是年轻人生命中最重要的主题，如果一味地退，你就只能站在原点，像懦夫一样在别人成功的欢笑声中碌碌无为。

忍耐不是懦弱的表现，而是以韬光养晦的姿态保全自己，伺机而动；忍耐不是无所作为，而是为了有所作为而积蓄力量。那些受不了逆境的折磨，在夹缝中无法安身的人，在一味气馁、一退再退之后，人生的境界并未开阔，只会一事无成。

朱棣这种当退则退的智慧是每一个年轻人都应该学习的。年轻人要想牢牢把握自己的命运，在人生剧烈的起伏来临时，不妨先退后一步，让过动荡的风口浪尖，这也正是"留得青山在，不怕没柴烧"。当进则进，当退则退，知进知退，才是为人处世的大境界、大智慧，也是保全自我，以便东山再起、卷土重来的大智慧。

没有今天的痛苦，哪有日后的成长

人生路上，我们当然会感受到幸福和快乐，也会感受到痛苦和不快。每个人都渴望自己的人生充满欢声笑语，但是命运之神偏偏与我们作对，总是给我们很多惊吓，使我们意识到人生并不可能十全十美，瑕疵和遗憾是理所当然的存在。

人生之中，幸福快乐固然使人欣喜，但是痛苦和磨炼才能真正帮助我们成长。每当感受到痛苦时，我们或许会情不自禁地流泪，或许会歇斯底里地发怒，然而不管使用何种方法，导致我们痛苦的事情并不会凭空消失，痛苦也不会减弱分毫。面对痛苦，逃避显然是毫无用处的，唯有接受痛苦在生命中的合理存在，才能让我们的心渐渐从浮躁归于平静，也才能让我们学会成长。

和幸福快乐一样，痛苦和磨炼，也是我们生命中不可或缺的。很多朋友都有过这样的感触，痛苦并非不能承受的，关键在于我们面对痛苦的态度。越是与痛苦对抗，痛苦就伤害我们越深。相反，如果我们觉得痛苦是完全合理的，也就能做到与痛苦和谐共生，从而顺其自然地消除痛苦。

她从来不是一个幸运的人。大学毕业后,她只身在伦敦打零工,勉强维持生计。有一次,她去曼彻斯特寻找大学时期的亲密爱人,但没有找到。因此,她只好独自乘车返回伦敦。40分钟的火车车程,她直愣愣地盯着窗外,突然发现窗外的田野里有一头黑白相间的花奶牛,她不由得灵光一闪,脑海中浮现出一个男孩乘坐火车去巫师寄宿学校报到的情形。她由此浮想联翩,兴奋不已。遗憾的是,当时身边没有纸笔,因而她无法记下自己的奇思妙想。她只好闭上眼睛,努力记住这一刻浮现在脑海中的情形。刚刚回到家里,她就记录下这一切。此时,她第一次萌发出写书的想法。

　　后来,她爱上了一名记者,与其组建家庭。遗憾的是,她的丈夫最终无法忍耐她头脑中的奇思妙想,把她连同刚刚出生4个月的女儿一起赶出家门。无奈之下,她只好去爱丁堡投奔妹妹,住在政府的公租房里。从此之后,她正式开始写作,并且一发不可收拾。因为生活拮据,她每天都会推着女儿走半小时的路程,来到市中心,在一家咖啡馆里坐很长时间。等到女儿睡着后,她才专心致志地开始从事创作。当时,这个咖啡馆的隔壁那条路名为波特路,因此她灵机一动,将小说的主角命名为"哈利·波特"。

　　1997年6月,她出版了第一本书,该书一经问世就引起了轰动。这部魔幻小说《哈利·波特与魔法石》成了畅销书,她的名字一时之间也举世皆知,她就是英国大名鼎鼎的魔幻小说家J.K.罗琳。如今,她的7部系列魔幻小说被翻译成63种语言,在全世界范围内发行,而且这些小说全都被改编成电影,风靡全球。毫无疑问,罗琳成功了。她总是说"人生就是受苦",她的确以人生经历告诉我们,她之所以成功,就是因为她熬过了人生的痛苦。

痛苦是人生中最有营养的养料,只要我们正确对待痛苦,积极消化和吸收痛苦,我们的人生之树就能茁壮成长,最终成为参天大树。我们必须接受人生充满艰难坎坷的事实,也必须知道痛苦是我们不断成长的养分。只要我们鼓起勇气,充满智慧地面对痛苦,我们的人生必然变得更加充实、精彩、与众不同。

无论如何,生活总是要继续的。面对生活中突如其来的灾难和毫无征兆的痛苦,我们必须意识到,克服人生的痛苦,我们才能不断成长。跌倒了,就站起来,拍拍身上的尘土继续前行,这并没有什么可怕的。

参考文献

[1] 含胭.刺猬法则[M].石家庄：花山文艺出版社，2021.

[2] 高溥超，高宣桐.刺猬法则[M].武汉：湖北人民出版社，2005.

[3] 墨羽.受益一生的心理学效应[M].北京：中国商业出版社，2019.

[4] 舒娅.心理学入门：简单有趣的99个心理学常识[M].北京：中国纺织出版社，2018.